DUTCH POETRY

IN TRANSLATION:

KALEIDOSCOPE

D1344041

Dutch Poetry in Translation:

Kaleidoscope

FROM MEDIEVAL TIMES

TO THE PRESENT

With Parallel Dutch Text

Translated by

Martijn Zwart

In collaboration with

Ethel Grene

FAIRFIELD BOOKS

Published by Fairfield Books
P.O. Box 8085
Wilmette, Illinois 60091
Telephone:
708-283-9379
888-242-9379

ISBN 0-9660016-1-3 HB
ISBN 0-9660016-0-5 PB

Printed in the United States of America
1998

FIRST EDITION

PREFACE

This collection presents the work of some of the leading Dutch poets from the Middle Ages through this century. The fame of the extraordinary Dutch painters – Hals, Rembrandt, Steen, Vermeer, van Gogh – needs no comment. But Holland's literature, although avidly consumed by its own people, has not really spread beyond its borders. Living in such a small country, Netherlanders are so used to their role of reaching out linguistically themselves that they do not expect outsiders to learn their language, nor to show any particular interest in what is written in it. And so it has remained largely untranslated. This is a pity, especially in the case of poetry which is one of the strongest areas of Dutch writing.

The poems here have been chosen for their quality, variety, and their potential to be rendered into English. Many reflect the literary movements and styles of contemporary poetry elsewhere in Europe, which influenced them heavily, although the converse was not the case. Some are more uniquely Dutch in subject and treatment, like those of van Beaumont, Vondel, Gerhardt, and de Vries.

Translating poetry into poetry is a peculiar challenge: it is always reaching for the impossible. In nearly all of these translations, I have followed the meter and rhyme scheme of the original. I have also tried to carry the mood and style as well as the content into the new language. There is almost always a compromise somewhere: a shred of a thought, a part of a line will have to be lost or modified. I do my best to limit these.

I am very beholden to Ethel Grene for the hours that she has spent with me in reviewing all of the poems in both languages, and in working with me to revise and shape these translations into their final form. In addition to the poems indicated as her translations, her work on the entire collection has been so extensive as to make our individual shares in it practically unidentifiable.

Martijn Zwart

CONTENTS

v

vii

DUTCH POETRY IN TRANSLATION:
KALEIDOSCOPE

Nachtegael

"Och nachtegael, clein voghelkyn,
Wildi uw tonghe bedwinghen,
Ic salder al uw vederkyn
Met goudraet doen bewinden."

"Wat vraghe ic nae uw rode gout
Oft nae uw loser minnen;
Ic ben een clein wilt voghelken stout,
Gheen man en can mi bedwinghen."

"Sidi een clein wilt voghelken stout,
Can u gheen man bedwinghen,
So dwinghet u die haghel, die coude snee,
Die lovers van der linden."

"Dwinghet mi de haghel, de coude snee,
Die lovers van der linden,
Als dan schijnt die sonne schoon,
So sal ic weder vruecht beghinnen."

ANONYMOUS
(14th/15th centuries: date uncertain)

Nightingale

"O nightingale, wee little bird,
If thou thy tongue wilt hold,
Then I shall all thy plumage gird
With threads of purest gold."

"I do not ask for thy red gold,
Nor crafty love from thee;
I am a small wild bird so bold
No man can master me."

"Be thou a small wild bird so bold
No man can master thee,
Then master thee the snow and cold
That shall hereafter be."

"And master me the snow and cold,
They master me in vain;
For when returns the sunshine gold,
I'll sing of joy again."

ANONYMOUS
(14th/15th centuries: date uncertain)

Het Visschertje

Des winters als het reghent,
Dan syn de paetjes diep, ja diep,
Dan comt dat lose visschertjen
Visschen al inne dat riet
Met sine rijfstoc, met sine strijcstoc,
Met sine lapsac, met sine cnapsac,
Met sine lere, van dirre dom dere,
Met sine lere laersjes aen.

Dat lose molenarinnetje
Ghinc in haer deurtje staen, ja staen,
Om dat dat aerdich visschertje
Veur bi haer henen sou gaen
Met sine rijfstoc, met sine strijcstoc,
Met sine lapsac, met sine cnapsac,
Met sine lere, van dirre dom dere,
Met sine lere laersjes aen.

"Wat heb ic jou misdreven,
Wat heb ic jou misdaen, ja daen
En dat ic niet met vreden
Veur bi jouw deurtje mach gaen
Met mine rijfstoc, met mine strijcstoc,
Met mine lapsac, met mine cnapsac,
Met mine lere, van dirre dom dere,
Met mine lere laersjes aen?"

"Ghi hebt mi niet misdreven,
Ghi hebt mi niet misdaen, ja daen,
Maer ghi moet mi driemael soenen,
Eer ghi van hier meucht gaen

4

ANONYMOUS
(14th/15th centuries: date uncertain)

The Fisherman

In winter when it's raining,
The paths are deep and wet, oh wet,
And then that wily fisherman
Comes fishing with his net,
With his rakestick, with his strakestick,
With his lapsack, with his knapsack,
With his leather, dilly down dether,
With his leather long-boots on.

That wily miller's daughter
Before her door did stay, oh stay,
Because that jolly fisherman
Would pass her on his way
With his rakestick, with his strakestick,
With his lapsack, with his knapsack,
With his leather, dilly down dether,
With his leather long-boots on.

"Now how did I offend you,
How did I hurt you sore, oh sore,
That I in peace upon my way
May not pass by your door
With my rakestick, with my strakestick,
With my lapsack, with my knapsack,
With my leather, dilly down dether,
With my leather long-boots on?"

"Oh you did not offend me,
You did not hurt me sore, oh sore,
But you must give me kisses three
Before you pass my door

5

Met uwe rijfstoc, met uwe strijcstoc,
Met uwe lapsac, met uwe cnapsac,
Met uwe lere, van dirre dom dere,
Met uwe lere laersjes aen!"

With your rakestick, with your strakestick,
With your lapsack, with your knapsack,
With your leather, dilly down dether,
With your leather long-boots on!"

Rakestick (Dutch/Flemish 'rijfstoc'): a type of rake with a net at
    its end to gather mussels from the river bottom, where some
    species of mussels live in the Netherlands.
Strakestick: Medieval Dutch 'strijcstoc' was the stick holding the
    net with which the fisherman swept the water to make his
    catch.
Lapsack: the flask he carried. 'Lappen' was 'to drink' (cognate
    of English 'to lap'), and 'cnappen' was 'to eat', hence
    'cnapsac' (knapsack).
Many of these medieval ballads were actual songs, and some
are still sung in Holland, including this one.

7

Egidius

Egidius, waer bestu bleven?
Mi lanct na di, gheselle mijn;
Du coors die doot, du liets mi tleven.
Dat was gheselscap goet ende fijn,
Het sceen teen moeste ghestorven sijn.
Nu bestu in den troon verheven,
Claerre dan der zonnen scijn;
Alle vruecht es di ghegheven.

Egidius, waer bestu bleven?
Mi lanct na di, gheselle mijn;
Du coors die doot, du liets mi tleven.

Nu bidt vor mi, ic moet noch sneven,
Ende in de weerelt liden pijn:
Verware mijn stede di beneven,
Ic moet noch zinghen een liedekijn;
Nochtan moet emmer ghestorven sijn.
Egidius, waer bestu bleven?
Mi lanct na di, gheselle mijn;
Du coors die doot, du liets mi tleven.

ANONYMOUS
(14th century)

Egidius

Egidius, where can you be?
I long for you, companion mine;
For you chose death, left life to me.
It was a comradeship so fine,
It seemed that one of us must die.
Now you are raised up to that throne,
Clearer than the sun's bright ray;
Every joy is now your own.

Egidius, where can you be?
I long for you, companion mine;
For you chose death, left life to me.

Now pray for me, who here do moan,
And must of death still feel the sting;
Save me a place beside your own,
For I have still a song to sing;
And then to death myself resign.
Egidius, where can you be?
I long for you, companion mine;
For you chose death, left life to me.

Een Liedeken van den Mei

'Schoon lief, hoe ligt gij hier en slaapt
In uwen eersten drome?
Wilt opstaan en den mei ontvaan,
Hij staat hier al zo schone.'

''k En zou voor genen mei opstaan,
Mijn vensterken niet ontsluiten;
Plant uwen mei waar 't u gerei,
Plant uwen mei daarbuiten!'

'Waar zou ik hem planten of waar doen?
't Is al op 's Heren strate,
De winternacht is koud en lang,
Hij zou zijn bloeien laten.'

'Schoon lief, laat hij zijn bloeien staan,
Wij zullen hem begraven
Op 't kerkhof bij den eglantier.
Zijn graf zal roosjes dragen.'

'Schoon lief, en om die rozekens
Zal 't nachtegaalken springen,
En voor ons bei in elken mei
Zijn zoete liedekens zingen.'

A May Song

"My lovely dear, why lie you here
To sleep away the time?
Rise up and take this budding may,
Already in its prime."

"For no may do I want to rise
Or open windows wide;
Plant your may in your own way,
Plant your may outside!"

"Where should I plant or put it then?
'Tis all in the Lord's bower;
The winter night is cold and long,
It would forget to flower."

"Sweet love, if it forgets to flower,
We'll bury it where the moss is
In the churchyard by the eglantine;
Its grave will bloom with roses."

"Sweet love, and round those roses there
The nightingale shall play,
And every spring shall sweetly sing
His songs for us in May."

The word 'may' ('mei' in Dutch) is used in this poem for both the month and the mayflower. The distinction is less obvious in the original, because the names of months are not capitalized in Dutch.

ANONYMOUS
(14th century)

Een Oudt Liedeken
('Het Daghet in den Oosten')

'Het daghet in den oosten,
Het lichtet overal;
Hoe luttel weet mijn liefken
Och waer ic henen sal,
   Hoe luttel weet mijn liefken!

'Och warent al mijn vrienden
Dat mijn vianden sijn,
Ic voerdu uiten lande,
Mijn lief, mijn minnekijn!
   Ic voerdu uiten lande.'

'Dats waer soudi mi voeren,
Stout ridder wel ghemeit?
Ic ligghe in mijn liefs armkens
Met groter waerdicheit,
   Ic ligghe in mijns liefs armkens.'

'Lichdi in uws liefs armen?
Bilo! ghi en secht niet waer:
Gaet henen ter linden groene,
Verslaghen so leit hi daer,
   Gaet henen ter linden groene!'

Tmeisken nam haren mantel
Ende si ghinc enen ganc

An Old Song
("The Day Breaks in the East")

"The day breaks in the East,
All round the light does grow;
How little knows my darling
Whither I shall go,
   How little knows my darling!

"Oh, were they all my friends
Whom now as foes I meet,
I'd take you from this country,
My love, my little sweet!
   I'd take you from this country."

"Is that where you would take me,
Oh bold and goodly knight?
In my love's arms I'm lying
As I in honor might,
   In my love's arms I'm lying."

"In your love's arms you're lying?
Forsooth! Your words do err:
Go out to the green linden,
Defeated he lies there,
   Go out to the green linden!"

The maiden took her mantle
And straightway forth she sped,

Al totter linde groene,
Daer si den doden vant,
  Al totter linde groene.

'Och lichdi hier verslaghen,
Versmoort al in uw bloet!
Dat heeft ghedaen uw roemen
Ende uwen hoghen moet,
  Dat heeft ghedaen uw roemen.

'Och lichdi hier verslaghen
Die mi te troosten plach!
Wat hebdi mi ghelaten
So menighen droeven dach;
  Wat hebdi mi ghelaten?'

Tmeisken nam haren mantel
Ende si ghinc enen ganc
Al voor haers vaders poorte
Die si ontsloten vant,
  Al voor haers vaders poorte.

'Och is hier enich here
Oft enich edel man,
Die mi nu minen doden
Begraven helpen can?
  Die mi nu minen doden – '

Die heren sweghen stille,
Si en maecten gheen gheluit;
Dat meisken keerde haer omme,
Si ghinc al wenende uit,
  Ende si ghinc wederomme.

Si nam hem in haren armen,
Si custe hem voor den mont

And there beneath the linden
She found her lover dead,
   Down there beneath the linden.

"Oh, lie you here defeated
And smothered in your blood!
This comes of all your vaunting,
Your reckless hardihood,
   This comes of all your vaunting.

"Oh, lie you here defeated
Who used to comfort me!
What is it you have left me
But days of misery;
   What is it you have left me?"

The maiden took her mantle
And went with steady stride
Up to her father's gate
Which she found opened wide,
   Up to her father's gate.

"Oh, is there any lord here
Or noble man who can
Come with me now and help me
To bury my dead man?
   Come with me now and help me – "

The lords they sat in silence,
And nothing did they say;
The maiden turned again,
And weeping, went away,
   And back she went again.

She took him in her arms,
She kissed his lips and face,

15

In eender corter wilen
Tot also menegher stont,
    In eender corter wilen.

Met sinen blanken swaerde
Dat si die aerde op groef,
Met haer sneewitten armen
Ten grave dat si hem droech,
    Met haer sneewitten armen.

'Nu wil ic mi gaen begheven
In een clein cloosterkijn
Ende draghen swarte wilen
Ende worden een nonnekijn,
    Ende draghen swarte wilen.'

Met hare claerder stemme
Die misse dat si sanc,
Met haer sneewitten handen
Dat si dat belleken clanc,
    Met haer sneewitten handen.

So many kisses gave him
In that one brief embrace,
   So many kisses gave him.

Then with his shining sword
A grave she dug and made,
And with her snow-white arms
His body there she laid,
   With her snow-white arms.

"Now I shall go into
A little nunnery,
And wear black veils upon me
A simple nun to be,
   And wear black veils upon me."

So with her sweet clear voice
The holy mass she sang,
And with her snow-white hands
The chapel bell she rang,
   With her snow-white hands.

Verses 1, 2 and 4 are spoken by a knight who comes to the maiden's window to court her, after killing her lover.

ANONYMOUS
(14th century)

Ghy Moest Van Vrouden Beven

Ghy moest van vrouden beven,
Dat es wel openbaer,
Doen op u sloech sijn ogen
Die ewige godheit claer.

Ghy naempten in uwen arme,
Ende gaeft hem, in uwen scoot,
U meechdelike borsten
Al in sijn mundeken root.

Sijn bruyn oegxken scone,
Sloech hy in u aenschijn,
Hi was u eigen sone
Die ewige godheit fijn.

Als ghy den kindeken cleyne
O moeder wel gedaen,
Met uwen handen reyne
Sijn voetken wilt gaen dwaen –

Verleent my, scone vrouwe,
Die ogen also nat,
Dat ic met minen tranen
Bereiden mach dat bat,

Als ghijt heft uten bade,
Dat proper kindeken cleyn,
Wilt hem van mijnder herten
Maken een beddeken reyn.

18

ANONYMOUS
(14th century)

It Must Have Made You Tremble

It must have made you tremble
With joy, that's very clear,
When he would look upon you,
That godhead bright and dear.

You took him in your arms
Upon your lap to rest,
As in his rosy mouth
You put your maiden's breast.

Then how his brown eyes shone
That looked into your face,
Your son, your very own,
Eternal God of Grace.

And when you take your child,
O mother fair and sweet,
And with your own pure hands
Would wash his little feet,

Then grant me, lovely maid,
My eyes with weeping dim,
That from my tears I may
Prepare that bath for him;

And when you from his bath
The little child have led,
Put him into my heart
And let that be his bed.

ANONYMOUS
(14th century)

Gequetst Ben Ic van Binnen

Gequetst ben ic van binnen,
Doorwont myn hert so seer,
Van uwer ganscher minnen
Ghequetst so lanc so meer.
Waer ic mi wend, waer ic mi keer,
Ic en can gherusten dach noch nachte,
Waer ic mi wend, waer ic mi keer,
Ghi syt alleen in myn ghedachte.

ANONYMOUS
(14th century)

I Have a Wound Within Me

I have a wound within me
That pierces my heart through;
As your great love does win me,
This wound I bear from you.
Where'er I go, whate'er I do,
No rest the day or night has brought;
Where'er I go, whate'er I do,
You alone have all my thought.

ANONYMOUS
(14th century)

Lied van Halewyn

Heer Halewyn zong een liedekijn,
Al wie dat hoorde wou by hem zyn.

En dat vernam een koningskind,
Die was zoo schoon en zoo bemind.

Zy ging al voor haer vader staan:
"Och vader, mag ik naer Halewyn gaen?"

"Och, neen, gy dochter, neen gy niet!
Die derwaert gaen en keeren niet."

Zy ging al voor haer moeder staen:
"Och, moeder, mag ik naer Halewyn gaen?"

"Och neen, gy dochter, neen gy niet!
Die derwaert gaen en keeren niet."

Zy ging al voor haer zuster staen:
"Och zuster, mag ik naer Halewyn gaen?"

"Och neen, gy zuster, neen gy niet!
Die derwaert gaen en keeren niet."

Zy ging al voor haer broeder staen:
"Och broeder, mag ik naer Halewyn gaen?"

"'t Is my aleens waer dat gy gaet,
Als gy uw eer maer wel bewaert
En gy uw kroon naer regten draegt."

Toen is zy op haer kamer gegaen

ANONYMOUS
(14th century)

The Song of Hallewen

Sir Hallewen he sang a song,
And all who heard for him would long.

And hear it did a royal child
Beloved by all, so fair and mild.

She went up to her father then:
"May I go to Sir Hallewen?"

"Oh no, my daughter, I say no;
They don't return who thither go."

She went up to her mother then:
"May I go to Sir Hallewen?"

"Oh no, my daughter, I say no;
They don't return who thither go."

She went up to her sister then:
"May I go to Sir Hallewen?"

"Oh no, my sister, I say no;
They don't return who thither go."

She went up to her brother then:
"May I go to Sir Hallewen?"

"Little matters where you dwell,
If you keep your honor well
As a royal damosel."

To her chamber she went anon

En deed haer beste kleeren aen.

Wat deed zij aen haren lyve?
Een hemdeken fynder als zyde.

Wat deed zy aen haer schoon korslyf?
Van gouden banden stond het styf.

Wat deed zy aen haeren rooden rok?
Van steke tot steke een gouden knop.

Wat deed zy aen haren keerle?
Van steke tot steke een peerle.

Wat deed zy aen haer schoon blond haer?
Een krone van goud en die woog zwaer.

Zy ging al in haers vaders stal
En koos daer 't beste ros van al.

Zy zette haer schrylings op het ros,
Al zingend en klingend reed zy door 't bosch.

Toen zy dat bosch ten halven kwam
Halewyns zoon haer tegen kwam.

Hy bond zyn peerd aen eenen boom,
De jonkvrouw was vol angst en schroom.

"Gegroet", zei hy, "gy schoone maegd,"
"Gegroet", zei hy, "bruin oogen klaer!
Komt, zit hier neer, ontbindt uw haer!"

Zoo menig haer dat zy ontbond,

And put her costliest garments on.

What did she put upon her breast?
The finest silk shirt from her chest.

What did she put upon her hip?
A richly gold-embroidered slip.

What did she put on for a smock?
Gold buttons on a scarlet frock.

What wore she on her gown?
With pearls it was all sewn.

What did she put upon her hair?
A heavy golden crown lay there.

She went down to the stable's stall
and chose the finest steed of all.

She rode astride on through the wood,
Merrily singing as she rode.

Into that wood not halfway yet,
By Sir Hallewen she was met.

He tied his horse up to a tree;
The maiden watched all fearfully.

"Hail," said he, "O lovely maid,"
"Hail," said he, "Brown eyes so clear!
Come sit you down, unbind your hair!"

For every hair that she unbound,

Zoo menig traentjen haer ontron.

Zy reden met malkander voort
En op den weg viel menig woord.

Zy kwamen al aen een galgenveld;
Daer hing zoo menig vrouwenbeeld.

Alsdan heeft hy tot haer gezeid:
"Mits gy de schoonste maget zyt,
Zoo kiest uw dood! het is noch tyd."

"Wel, als ik dan hier kiezen zal,
Zoo kieze ik dan het zweerd voor al.

Maer trekt eerst uit uw opperst kleed.
Want maegdenbloed dat spreidt zoo breed,
Zoo 't u bespreide, het ware my leed."

Eer dat zyn kleed getogen was,
Zyn hoofd lag voor zijn voeten ras;
Zyn tong nog deze woorden sprak:

"Gaet ginder in het koren
En blaest daer op mynen horen,
Dat al myn vrienden het hooren!"

"Al in het koren en gaen ik niet,
Op uwen horen en blaes ik niet,
Moordenaers raed en doen ik niet."

"Gaet ginder onder de galge
En haelt daer een pot met zalve
En strykt dat aen myn rooden hals!"

"Al onder de galge en gaen ik niet,

A tear of hers fell to the ground.

They rode together down the way
And many a word had each to say.

They came upon a gibbet hill;
Many a woman hung there still.

Then to her he did declare,
"Because you are of all most fair,
Now choose your death! Your time is here."

"If this be your final word,
And choose I must, I choose the sword.

"But you must first take off your cloak;
If blood should stain it at the stroke,
It were a pity," so she spoke.

Before he learned of her deceit,
His head was lying at his feet;
But still his tongue did her entreat:

"Go yonder in the corn
And blow upon my horn,
All of my friends to warn!"

"Into the corn I will not go,
Upon your horn I will not blow,
To murderer's counsel I say no."

"Go yonder by the gallows
And fetch a pot of tallows
And rub them on my bleeding neck!"

"I won't go near the gallows,

27

Uw rooden hals en stryk ik niet,
Moordenaers raed en doen ik niet."

Zy nam het hoofd al by het haer,
En waschte 't in een bronne klaer.

Zy zette haer schrylings op het ros,
Al zingend en klingend reed zy door 't bosch.

En als zy was ter halver baen,
Kwam Halewyns moeder daer gegaen:
"Schoon maegd, zaegt gy myn zoon niet gaen?"

"Uw zoon heer Halewyn is gaen jagen,
G'en ziet hem weer uw levens dagen.

Uw zoon heer Halewyn is dood
Ik heb zyn hoofd in mynen schoot
Van bloed is myne voorschoot rood."

Toen ze aen haers vaders poorte kwam,
Zy blaesde den horen als een man.

En als de vader dit vernam,
't Verheugde hem dat zy weder kwam.

Daer werd gehouden een banket,
Het hoofd werd op de tafel gezet.

On your neck I'll rub no tallows;
Fool who murderer's counsel follows."

She took the head up by the hair,
And washed it in a fountain fair.

She rode astride out of the wood,
Merrily singing as she rode.

When through that wood she rode halfway,
Came Hallewen's mother who did say,
"Fair maid, saw you my son today?"

"Your son went out to hunt his prey;
You'll see him no more your lifelong day.

"Your son, Sir Hallewen, he is dead;
In my lap I hold his head,
My frock is with his blood all red."

When to her father's gate she ran,
She blew the horn just like a man.

And as her father heard the strain,
Glad was he that she came again.

Then at a banquet all were fed,
And on the table stood – the head.

ANONYMOUS
(14th/15th centuries: date uncertain)

Drinklied

Wynken ghy syt groene,
Ghy maect my veel te doene,
Ghy moet deur minen hals;
Als ic u heb ghedroncken,
Ghelyck ghi my syt ghesconken,
Soe kan ic duytsch noch walsch.
Nu wynken, gaet daer in,
Wat baeten ons dusent nobelen,
Als wy begraven syn?
Dusent nobelen,
Wat baeten ons dusent nobelen,
Als wy begraven syn?

Drinking Song

Dear wine, so green are you,
You give me much to do,
As down my throat you go;
When I have drunk you up,
Just as you reach my cup,
Nor Dutch nor French I'll know.
Go down now, wine so brave;
What good are all our golden coins,
When we are in our grave?
Our golden coins,
What good are all our golden coins,
When we are in our grave?

ANONYMOUS
(14th/15th centuries: date uncertain)

Meibloempje

Te mei haddic een bloemken
In myn hertjen vercoren:
Dat is mi desen couden winter
Afghevroren.

Dat bloemken licht verborghen
Onder den couden snee:
Sal ic van u scheiden, goet lief,
Dat doet mi wee.

Sal ic van u scheiden, goet lief,
Dat valt mi swaer:
So settic al myn hoop ende troost
Int niewe jaer.

Dat niewe jaer dat comet
Met vrouden an:
Ic hope dat si myn boelken
Noch wel worden sal.

ANONYMOUS
(14th/15th centuries: date uncertain)

Little Mayflower

I had a little flower
Picked by my heart in May:
In this cold winter it has been
Frozen away.

That flower now lies hidden
Under the cold snow:
Shall I be parted from you, dearest?
That hurts me so.

Shall I be parted from you, dearest?
That pain I fear:
So I put all my hope and trust
In the new year.

The new year that is coming
With joy I see:
I hope that my beloved
She yet will be.

ZUSTER BERTKEN
(1427-1514)

Een Lyedeken

Die werelt hielt my in haer gewout
Mit haren stricken menichvout;
Mijn macht had sy benomen.
Si heeft my menich leet gedaen,
Eer ic haer bin ontcomen.

Ic bin die werelt af gegaen;
Haer vroechde is also schier gedaen
In also corten daghen.
Ic en wil die edel siele mijn
Niet langer daer in wagen.

Ic sie den enghen wech bereyt,
Die recht totter ewigher vroechden leyt.
Natuer, wilt nyet versaghen!
Ic wil dair vromelic doer gaen,
Om Ihesus te behagen.

Ick voele in my een vonkelkijn;
Het roert so dic dat herte mijn.
Daer wil ick wel op waken:
Die min vermach des altemael,
Een vuer daer af te maken.

Nu moechdi horen een groot beclach:
Natuer si roept "o wy!" "o wach!"
Haer vroude moet si laten.
Daer si haer lange in heeft verblijt,
Dat moetse leeren haten.

Haddieu, haddieu, nature mijn!
Mijn hert dat moet ontcommert sijn.

ZUSTER BERTKEN
(1427-1514)

A Little Song

The world would master me and hold
Me with its pitfalls manifold,
It robbed me of my strength.
It used to do me many an ill
Till I escaped at length.

I left the worldly life at last;
Its idle pleasures dwindle fast,
It has few days in store.
I will safeguard my precious soul
And hazard it no more.

I see the narrow road ahead
That aye to lasting joy has led.
Nature with courage fills!
I'll follow it in piety
And do what Jesus wills.

I feel in me a little spark
And it stirs in my heart so dark.
I must tend it with care:
That love can make it grow into
A fire to warm me there.

A sorry moan you now may hear,
As nature cries, "Oh dear, oh dear!"
Her pleasures which of late
For all this while she had enjoyed,
She now must learn to hate.

So nature mine, adieu to thee,
My heart it must not troubled be,

Ten mach gheen claghen baten.
Dye mijn siel alleen begeert,
Hem wil ic nu inlaten.

Mijn vianden nemen des nauwe waer,
Heymelick ende openbaer:
Si legghen mi valsche laghen;
Hier om so moet ic wacker sijn
Bi nacht ende oec bi dage.

Ic en wil mi daer in niet verslaen;
Met vroechden wil ict anegaen;
Ic selse wel verweren.
Die minne voert so groten brant,
Si en moghen mi niet deren.

Daer vast staet mijn betrouwen in:
Hi sterct mi met sijn hoghe min;
Sijn cracht doet mi verwinnen;
Sijn gaven sijn soe menichvout,
Geen hert en mach't versinnen.

No plaint will help me win.
He who my soul alone desires,
None else, may enter in.

My foes are closely watching me,
In secret, even openly;
Treacherous traps they lay.
Therefore I must be on my guard
By night as well as day.

This course of mine I won't forsake,
With joy I will it undertake,
Against them I shall arm me.
That love it has such burning force
That they can never harm me.

Therein I trust so mightily,
With his high love he strengthens me,
His power shall make me rise;
His gifts they are so manifold
As no heart can surmise.

In 1451, at the age of 24, Sister Bertken retired from the world and entered a convent; and six years later she received permission from the bishop of Utrecht to move into a cell which was built for the purpose onto the side of Utrecht's Buurt Church. It was a narrow cell, about 12 feet long, with two curtained windows through which her frugal food was handed her, and to which people would come to ask her advice or her prayers; but no one ever saw her face again. Eight of her poems and several stories that she wrote there still exist. She died on Sunday, June 25, 1514, at the age of 87, and according to her wish was buried in her cell. It is no longer there.

ROEMER VISSCHER
(1547-1620)

Een Eerlijcke Schaemte

Een eerlijcke schaemte die haer wangen doet blosen /
Eerbare Liefde in een oprecht ghemoet /
Twee borsgens rondt / twee lipkens als rosen /
Een halsgen ghedraeyt / een keel singhende soet /
Een vriendelijcke spraeck daerse my me groet /
Twee oochgens die de myne verclarende quellen /
Een bevallich wesen in al datse doet /
Vervolghende reden als sy wat sal vertellen /
En t'lodderlijck soenen en lieffelijck lellen
Zijn de cruyden daerse me betovert mijn domme sinnen
En maecken dat ick haer eeuwich sal / wil / en moet beminnen.

ROEMER VISSCHER
(1547-1620)

A Blush of Modesty

A blush of modesty that on her cheeks is spread,
Honest love that from good nature springs,
Two round little breasts, two lips like roses red,
A slender neck, a throat that sweetly sings,
The friendly words with which she welcomes me,
Two eyes in which mine sink as in clear wells,
In all she does, grace and agility,
Reason and wit in all she tells,
Her enchanting kisses and her voice like bells:
These are her magic herbs that my poor sense enthrall
So that love her always I must and will and shall.

Simon van Beaumont
(1574-1654)

Waartoe te Gaen door Verre Landen Dwalen

Waertoe te gaen door verre Landen dwalen,
    Verslijten tijd, geld-quisten, breecken wind?
    Die sonder moeyt' en kost in Holland vind
Dat noodigh is, wat hoeft hy 't verr' te haelen?
Als men al heeft gheleert de tael der Walen
    Hoe Engelsch praet, of Spaensch, een vrou of kind,
    En datmen 't huys gekomen wel versint,
Weetmen in Duytsch sich nauwlijcks te vertalen.
    Een wulps gelaet, een valsch bedeckt gemoedt,
    Hoererens lust, een dert'le quispel-voet,
Een tongh gewent tot vloeck en laster-reden,
    Sijn het çieraet dat Napels, dat Parijs,
    Dat Roome geeft. Hollander, sijt ghy wijs,
Blijft t'huys, leert wel 'sLands-recht, ghebruyck en seden.

SIMON VAN BEAUMONT
(1574-1654)

Why Should You Want in Distant Lands to Stray

Why should you want in distant lands to stray,
    Waste fortunes, squander time, only to find
    In Holland, with no cost or strain of mind,
All that you need; why look so far away?
The English language that you strove so much
    To learn, and how the French and Spanish speak,
    And now you're home again and you must seek
And struggle to translate them into Dutch.
    A sinful face, a mien one cannot trust,
    A lewdly prancing foot, a whorish lust,
A cursing libelous tongue: there do they stand,
    The ornaments of Naples and of Rome,
    And Paris too. Dutchman, be wise; stay home,
And learn the ways and customs of your land.

Jacob Cats
(1577-1660)

Fit Spolians Spolium
Die Steelt, Die Queelt

Ick vont eens op een tijdt de liefste sitten slapen,
Ick sagh haer rooden mont, ick bleef' er op staen gapen,
   Dies kreegh ick stelens lust. Maer wat een dievery!
   Ick stal een kus van haer, maer sy een hert van my.
De muys ontrent het speck die eet met groot verlangen,
Sy vat en wort gevat; sy vanght en wort gevangen:
   Siet wat een vreemde streeck! wat kunstjes weet gy lief!
   Ghy sit gerust en slaept, en steelt noch uwen dief.

JACOB CATS
(1577-1660)

Theft from the Thief

One day I found my love asleep upon a chair;
I looked at her red mouth, and as I stood to stare
   I got an urge to steal. But what a thievery!
   I stole a kiss from her, but she my heart from me.
The mouse who sees the bacon, and eats it on the spot:
He takes and he is taken − he catches and is caught;
   Now what an artful trick! What guile beyond belief!
   You sit there fast asleep, and yet you steal your thief.

DANIEL HEINSIUS
(1580-1655)

Noctua Ut In Tumulis, Super Utque Cadavera Bubo

Ick ben een levend' lijck: nu denck ick eerst om minnen.
Als ander houden op, dan gae ick eerst beginnen.
    De doot klopt voor de poort, Cupido woont int hert.
    Ick smaecke voor mijn doot die liefelicke smert.
Ick ben mijn leven quijt, nu denck ick om te leven:
Mijn leven dat begint alst my wilt gaen begeven.
    Het komt of vroech oft laet: ick vreesde voor de doot,
    En krijge voor mijn graf mijns alderliefsten schoot.

44

Daniel Heinsius
(1580-1655)

Noctua Ut In Tumulis, Super Utque Cadavera Bubo *

I am a living corpse; now I hope love to win.
As others call a halt, that is when I begin.
   Death knocks at the gate, Cupid lives in my heart;
   And so before I die, I taste this sweetest smart.
Now that my life is lost, I think how I'll live on:
My life that now begins, as it was almost gone.
   It comes or soon or late: my death I feared to face,
   And now get for my grave my darling's sweet embrace.

*   *As an owl above graves, so the screech owl over a corpse.*

45

PIETER CORNELISZOON HOOFT
(1581-1647)

Sonnet
(Geswinde Grijsart)

Geswinde grijsart die op wackre wiecken staech,
De dunne lucht doorsnijt, en sonder seil te strijcken,
Altijdt vaert voor de windt, en ijder nae laet kijcken,
Doodtvijandt van de rust, die woelt bij nacht bij daech;
Onachterhaelbre Tijdt, wiens heten honger graech
Verslockt, verslint, verteert al watter sterck mach lijcken
En keert, en wendt, en stort Staeten en Coninckrijken;
Voor ijder een te snel, hoe valtdij mij soo traech?
Mijn lief sint ick u mis, verdrijve' jck met mishaeghen
De schoorvoetighe Tijdt, en tob de lange daeghen
Met arbeidt avontwaerts; uw afzijn valt te bang.
En mijn verlangen can den Tijdtgod niet beweghen.
Maer 't schijnt verlangen daer sijn naem af heeft gecreghen,
Dat jck den Tijdt, die jck vercorten wil, verlang.

46

PIETER CORNELISZOON HOOFT
(1581-1647)

Sonnet
(To Time)

O speeding greybeard, who on swift wings haste your flight,
Still cutting through thin air, and never striking sail,
Leave everyone behind, travel before the gale,
   Archenemy of rest, rushing through day and night;
   Time, ever out of reach, whose greed so hungrily
Swallows, devours, consumes all that seems strong and great,
Disrupts, destroys, and overturns kingdom and state;
   For others all too fast, then why so slow for me?
As I miss my sweet love, I hate the long delay.
Time, how you drag your feet! I work through each long day
   To drive you on toward night. Her absence does me wrong;
And all my longing cannot spur the course of Time.
My longing's name itself seems to confound my rhyme:
   Against my will, I do not make Time short, but long.

In line 10: 'drag....feet' is a literal translation of Dutch 'schoorvoetighe'.

47

PIETER CORNELISZOON HOOFT
(1581-1647)

Aen Mê Vrouw

Me vrouw, als met papier,
De rijmen dezer blaeden
Uw' boekery verlaeden,
Beveelt ze maer aen 't vier.
Dat zy hun lijf en leeven
Weêr leevren aen den brandt
Is niet onbillijk: want
Die heeft het hun ghegeven.

PIETER CORNELISZOON HOOFT
(1581-1647)

To My Lady

Madam, if this entire
Lot of rhymes you see
Burdens your library,
Commit them to the fire.
That they their life and heart
Should give back to the flame
Is justice all the same:
That's where they got their start.

ANNA ROEMERS VISSCHER
(1584-1651)

Geschreven op den Kersdach 1617

Geeft mij, ô groote al en' schepper aller dingen,
Nu wijsheidt, om den lof uws soons loflijk te singen;
Geeft dat ik zin en' wits ootmoedich henen stuer
Te Bethlem, bij de kreb, in de vervallen schuer:

Geeft dat mij op den wech de wereldt niet komt stooren,
En'! let mij dat ik kus het Kindt voor mij geboren;
Geeft dat eerwaerdich hem van mij geoffert werdt
Geen wierook, mirrh, noch gout, maer een gebroken hert.

Written on Christmas Day 1617

Grant me, great one who hath created everything,
The wisdom now, the praises of your son to sing;
And may I humbly send my mind, my thoughts and all
To the crib in Bethlehem, in that old ruined stall.

Grant that the world shall not distract me on my way
To kiss the child that there was born for me today;
Grant that I may in reverence offer for my part
No gold, nor myrrh, nor incense, but a broken heart.

ANNA ROEMERS VISSCHER
(1584-1651)

Antwoordt aan S. van Beaumont
op een gedicht door dezen haar toegezonden

De min, die vleesch en bloet verteert,
Die heb ick lang van my geweert;
Een anders luck my niet en wroecht,
Want my het mijne wel genoecht,
Nae hooge staet ick niet en tracht,
Noch ben door laegheyt niet veracht.
Ick slaep gerust de nachten lanck,
Ick nut met smaeck mijn spijs en dranck:
Verwondert u dan daer niet van
Dat ick wat meer weech, als een man,
Die staech met sorgen is belaen,
Alleen niet hoe 't sijn Huys magh gaen.
Maer die de lasten van 't gemeen
Noch boven dien torst op de Leen.

ANNA ROEMERS VISSCHER
(1584-1651)

Answer to S. van Beaumont
on a poem that he sent her

From loves, that flesh and blood expend,
I always did myself defend;
By others' luck I'm not enticed –
What I myself have, has sufficed;
After high state I do not chase,
Nor am despised for aught that's base.
I sleep in peace throughout the night,
I eat and drink with much delight;
Don't be surprised then, if you can,
That I weigh more than does a man
Who spends his life weighed down by cares,
Not only for his own affairs,
But who the troubles of mankind
Takes on to burden down his mind.

Anna was one of several beautiful and gifted daughters of the poet Roemer Visscher, who formed a salon at their father's house where the brightest men of their time gathered. Several of these courted Anna and the other poetic sister, Maria Tesselschade, but neither ever married.

GERBRAND ADRIAENSZ. BREDERO
(1585-1618)

Sonnet
(Sy Die Mijn Hert Besit)

Sy die mijn hert besit, die schoonste van de schoonen,
Daer van mijn sware smert 't beginsel heeft ontfaen,
Begint een lachend' oogh eylaes op my te slaen,
Soodra de tranen nat haer om mijn wanghen toonen.

Met eene scheetsche lach gaet sy mijn lijden hoonen,
Als ick haer mijn gheween en klachten doe verstaen;
Eylaes, sou mijn dan niet dit quaet ter herten gaen,
Dat sy my met een sucht niet eens en gaet verschoonen?

Dan dit en ist noch niet, 't gheen my op 't hooghste quelt,
Want my behaeght die straf van haer soo soet ghewelt;
Maer och, dit gaet mijn gheest en hert om stucken kloven:

Dat sy my weenen siet en eenen overvloet
Van tranen uyt mijn oogh, nochtans niet wil ghelooven,
Dat sy de oorsaeck is die my dit lijden doet.

GERBRAND ADRIAENSZ. BREDERO
(1585-1618)

Sonnet
(She Who Owns My Heart)

She who owns my heart, the loveliest one of all,
Who is the very source of my deep misery,
Alas, begins to cast her laughing eye on me   ○
As my sad cheeks grow wet with tears that on them fall.

Not only does she mock my pain with scornful laugh
When I try to make her see my suffering and smart;
Wouldn't this alone break any lover's heart,
That she won't even spare a sigh on my behalf?

And still it is not this which tortures me the worst,
For her sweet power pleases even as it hurts;
But oh, what does my heart and soul to pieces cleave:

That she does see me weep and how my tears do flow
Out of my weary eyes, and still does not believe
She is herself the cause that I must suffer so.

JOOST VAN DEN VONDEL
(1587-1679)

Wiltzanck
op de Hofstede van de Hinlopens buiten Naerden

Wat zong het vrolijck vogelkijn,
    Dat in den boomgaert zat?
Hoe heerlijck blinckt de zonneschijn
    Van rijckdom en van schat!
Hoe ruischt de koelte in 't eicken hout
    En versch gesproten lof!
Hoe straelt de boterbloem als gout!
    Wat heeft de wiltzang stof!
Wat is een dier zijn vryheit waert!
    Wat mist het aen zyn' wensch;
Terwijl de vreck zijn potgelt spaert!
    O slaef! o arme mensch!
Waer groeien eicken t'Amsterdam?
    O kommerziecke Beurs,
Daer noit genoegen binnen quam!
    Wat mist die plaets al geurs!
Wy vogels vliegen, warm gedost,
    Gerust van tack in tack.
De hemel schaft ons dranck en kost,
    De hemel is ons dack.
Wy zaeien noch wy maeien niet:
    Wy teeren op den boer.
Als 't koren in zijn airen schiet
    Bestelt al 't lant ons voêr.
Wy minnen zonder haet en nijt,
    En danssen om de bruit:
Ons bruiloft bint zich aen geen tijt,
    Zy duurt ons leven uit.
Wie nu een vogel worden wil,
    Die trecke pluimen aen,
Vermy de stadt, en straetgeschil,
    En kieze een ruimer baen.

JOOST VAN DEN VONDEL
(1587-1679)

Song of the Wild
on the estate of the Hinlopens near Naerden

What did the cheerful birdie sing
    Who sat upon the bough?
What treasure does the sunlight bring
    That shines upon us now!
The rustling breeze that freshens up
    The oak leaves high and higher,
The radiant golden buttercup,
    Do our wild song inspire!
A creature's freedom is his wealth
    That all he wanted gave;
The miser hoards his gold in stealth –
    Poor human, oh poor slave!
In Amsterdam, where do oaks grow?
    Oh sorrowful Exchange,
There joy and pleasure never glow,
    Nor soft scents sweetly range!
Our feather dress is warm and good,
    From branch to branch we fly;
The sky provides us drink and food,
    Our roof it is the sky.
We do not sow, we do not mow,
    But as the farmer's hand
Makes grain in fine full ears to grow,
    We feed upon his land.
We love, with neither hate nor spite,
    We dance to win a bride;
And lifelong lasts our wedding night
    As we live side by side.
So if you would become a bird,
    Put on a feathery gown,
Avoid the town where strife is heard,
    And strike out on your own.

The Exchange (Beurs) is a trade center in Amsterdam.

57

JOOST VAN DEN VONDEL
(1587-1679)

Het Stockske van Johan van Oldenbarnevelt
Vader des Vaderlands

Myn wensch behoede u onverrot,
O *Stock* en stut, die, geen' verrader,
Maer 's vrydoms stut en Hollants Vader
Gestut hebt op dat wreet schavot;
Toen hy voor 't bloedigh swaert most knielen,
Veroordeelt, als een Seneka,
Door Neroos haet en ongena,
Tot droefenis der braefste zielen.
Ghy zult noch, jaeren achter een,
Den uitgangk van dien Helt getuigen,
En hoe Gewelt het Recht dorf buigen,
Tot smaet der onderdruckte steên.
Hoe dickwyl streckt ghy onder 't stappen
Naer 't hof der Staeten stadigh aen
Hem voor een derden voet in 't gaen
En klimmen, op de hooge trappen:
Als hy, belast van ouderdom
Papier en schriften, overleende,
En onder 't lastigh lantspack steende!
Wie ging, zoo krom gebuckt, noit krom!
Ghy ruste van uw trouwe plichten,
Na'et rusten van dien ouden stock,
Geknot door 's bloetraets bittren wrok:
Nu stut en styft ghy noch myn dichten.

JOOST VAN DEN VONDEL
(1587-1679)

The Cane of Johan van Oldenbarnevelt *
Father of the Fatherland

Preserved be thou from time's decay,
Thou staff of him who, no foul traitor,
But Holland's father, liberator,
The scaffold climbed on that cruel day;
He knelt before the bloody sword
Like Seneca, disfavored hero,
Condemnèd by a hateful Nero,
But by all decent souls deplored.
You shall bear witness, years from now,
How to his end this great man came,
How to our oppressed cities' shame
Justice to power had to bow.
Like a third foot, his weight to bear,
Did you, his staff and his support,
Go with him to the Council Court
And help him up the high steep stair;
As burdened down with age he went
And bowed beneath the work in hand,
Sighed for the troubles of his land,
Yet so bent over, never bent!
Now rest you from that faithful time
Since that old staff was laid to rest,
Cut down at bloody court's behest;
But see – you still support my rhyme.

---

*   Johan van Oldenbarnevelt, (1547-1619), a Dutch statesman
who aided William the Silent in the struggle for Dutch
independence from Spain, and then strongly supported
William's son and successor, Maurice of Nassau. However,
in the ensuing internal political and religious conflicts,
Maurice later turned against van Oldenbarnevelt and
condoned the death sentence pronounced on him by an
infamous ad hoc 'packed court' for false charges of treason.

CONSTANTIJN HUYGENS
(1596-1687)

Schoon Weder en Kinderen

Schoon' kind'ren in de wieghen,
Schoon weder op de straet,
Zijn beij van een gelaet.
Mij dunckt 'ten kan niet liegen,
Hoe 't ijemand hebben will',
Haer schoonst is, droogh en still.

CONSTANTIJN HUYGENS
(1596-1687)

Lovely Weather and Babies

Lovely children in their crib,
Lovely weather at the gate,
The two, they have a common trait:
They seem to me − Truth cannot fib −
Loveliest, and we profit by it
Most, when they are dry and quiet.

CONSTANTIJN HUYGENS
(1596-1687)

Op Mijn Verjaeren den 4en September 1671

Noch eens September, Heer!
Hoe staet'er lang geschreven
In 't Boeck van mijn lang leven,
Noch eens en dan niet meer!
Ick bedel om geen' dagen,
Naer dat ghij 'r mij soo veel,
Soo goede, voor mijn deel,
In 'tleven hebt verdragen.
Om een gunst bid ick seer;
Leert mij mij soo bereiden,
Als of ick stond te scheiden,
Met een noch, en niet meer.

Constantijn Huygens
(1596-1687)

On My Birthday, September 4, 1671

September, as before!
Though it be writ, my Lord,
In my life's Book, this word:
But once again, no more!
   I beg not one more day;
You gave me, for my share,
So many, and so fair;
I've had what time I may.
   One favor I implore:
Help me prepare my heart
As if I should depart
With this one and no more.

Gaat Niet Om met Lichte Vrouwen

Gaet niet om met lichte vrouwen
Wilt ghy uwe siel behouwen;
Wilt g'uw lichaem zien gesondt,
Wilt ghy blyven uyt den mond
En van elck een onbepraet
In geloof, in eer, in staet:
Soeckt ghy goeden lof te voeren:
Schout de kennis van de hoeren.
Door haer oogh en haere kaecken
Sal uw eer in schuld geraecken:
Haere lippen seggen, Hael:
En haer woorden syn, Betael.
So ghy haere borsten tast,
Raeckt uw goed en huysraed vast
En Besetters op uw vloeren,
Dat ghy 't niet en mooght vervoeren,
En uw schuldenaers aen 't karmen.
Raeckt ghy in der hoeren armen,
Syt ghy een gevangen man
Die het niet ontvluchten kan:
Daer ghy niet van daen geraeckt
Voor het al is opgemaeckt:
Tot dat uw geloof verneert is,
En uw lesten duyt verteert is.

JACOB WESTERBAEN
(1599-1670)

No Women Seek Who Are Depraved

No women seek who are depraved
If your soul is to be saved;
If you would keep your body sound,
Nor have your story bandied round,
Lest the common tongue defame
Your religion, honor, name;
And worthy of respect to be,
Avoid all whorish company.
Her smiling jaws and eyes will get
You and your honor into debt;
"Take me now," her lips will say,
But her words mean only "Pay."
Merely touching of her breast
May cost your home and all the rest,
As those you owe take every bit
So you cannot dispose of it,
And loudly moan your creditors.
When you are in the arms of whores,
You have become a captive man
And now escape no longer can;
You will not get away before
You've no possessions anymore;
Until your faith has been brought down,
And your last penny spent and gone.

JAN VOS
(1620-1667)

Grafschrift
van den heer P. C. Hooft, Drost van Muyden, &C.

De Doodt heeft Hooft geveldt. De steen bedekt het graf.
De tijdt maeckt hem tot asch: maer alles is te laf
Op 't edele vernuft, als was 't voor weynigh uuren.
Zijn veder zal de Doodt, de Steen, en Tijdt verduuren.

JAN VOS
(1620-1667)

Epitaph
for P. C. Hooft *

Death has vanquished Hooft. The stone covers his grave.
Time turns him into ash: but none the power shall have
To fell that noble mind. Now his few hours are past,
And yet his pen shall Death and Stone and Time outlast.

Translated by ETHEL GRENE

---

* *P. C. Hooft: a contemporary historian, playwright and poet, also represented in this collection.*

Joannes Six van Chandelier
(1620-1695)

Aan Roselle
De Liefde Verraadt Sich Selve

Rosel, Rosel, waar zyn myn sinnen heenen?
   Myn roose licht, waar heen is myn verstand?
   Kupido leidt my aan syn sterke hand,
Myn brein is in syn vuur, als sneeuw, verdweenen.
Ik ben niet myns: want als myn lippen meenen
   Lukretia, of Sara, of Susan,
   Zoo noemen sy uw voornaam, of uw van,
Dies kan ik dan de liefde niet beneenen.
   Of liegh ik, sie, zoo werd ik rood, of bleek,
   't Ontroert gemoed, dat spreekt schoon ik niet spreek.
Ia kan ik 's daaghs uw lieve naam verbloemen,
   Wanneer ik 's nachts in soete droomen legh,
   Dan hoort, o spyt, myn byslaap wat ik segh,
En hoe ik uw Roselletje gaa roemen.

JOANNES SIX VAN CHANDELIER
(1620-1695)

To Roselle
Love Betrays Itself

Roselle, Roselle, where did my senses go?
    My rosy light, where has my reason fled?
    By Cupid's strong hand I am being led;
My brain is in his fire, and melts like snow.
I am no more myself: if my lips try
    Lucrece, Susanne, or Sara to proclaim,
    You are the only one that they will name,
Thus telling of the love I can't deny.
    Or if I lie, I turn so pale or red,
    What I spoke not, my agitation said.
I can disguise your lovely name by day,
    But when at night in my sweet dreams I lie
    And my companion hears me start to sigh,
O spite! Roselle is what she hears me say.

HENRICK BRUNO
(1620/21-1664)

**Aen Yemant, met het Senden van
Mijn Antwoort op Sijn Schimp-Dicht**

Neemt dese weder-groet, voor 't onbeschofte groeten.
Indien dat dit gedicht niet handen heeft en voeten,
Soo heeft de dichter noch voor u van beyde wat,
Twee handen op uw' kop, twee voeten in uw gat.

HENRICK BRUNO
(1620/21-1664)

To Someone with
My Answer to His Abusive Poem

Your uncivil greeting with this retort I greet.
In case this poem of mine has neither hands nor feet,
For you the poet still has two of either kind:
Two hands upon your skull, two feet at your behind.

HIERONYMUS SWEERTS
(1629-1696)

Afschaffing der Poëzie

Daar leit de pen vol ongemeende minne-rancken
Dees sweer ik eeuwig af te dancken
En denk, voortaan geen Rymgedicht,
Te gonnen straal van 's werelts licht.

Wat sleet ik menigwerf al kostelyke uuren,
Om versjes uit heur neb te puren!
Dees hielt myn brein vol kleine kracht,
Alleen geteugelt in 'er macht.

Dees swaaide in myn gedacht' den scepter van gebieden.
Doch 'k wil heur heerschappy ontvlieden.
En niet meer onder 't jok van heure krachten staan,
Maar zeg haar, na dit vers, altydt den oorlog aan.

Heur glory heeft te lang de overhandt verkregen,
Sy was ten toppunt opgestegen,
Maar die als Phebus rees, die daalt nu als Ikaar.
Daar leyt sy in den hoek, en zeg, Leg eeuwig daar.

HIERONYMUS SWEERTS
(1629-1696)

Abolishing Poetry

There lies my pen, with tendrils full of unmeant love,
  Which now I swear, by skies above,
  Henceforth shall write no poem that may
With my good will see light of day.

How often have I wasted such hours of costly time,
  Out of its nib to squeeze some rhyme!
  In its small power it held my brain,
Alone to rule and to constrain.

It swayed its mighty scepter over my thoughts and me.
  But I'll escape its mastery:
Beneath the yoke of its fell power to stand no more,
I shall declare, after this verse, perpetual war.

Too long its glory thus had overblown its might,
  Already at its utmost height;
But that which rose like Phoebus, now falls like Icarus.
So lie there in the corner, and stay forever thus.

HEIMAN DULLAERT
(1639-1684)

Aen Myne Uitbrandende Kaerse

O haast gebluschte vlam van myne kaers! nu dat
Gy mynen voortgang stut in 't naerstig onderzoeken
Van nutte wetenschap, in wysheidvolle boeken,
    Voor een leergierig oog zoo rykelyk bevat,
    Verstrekt gy my een boek, waar uit te leeren staat
Het haast verloopen uur van myn verganklyk leven;
Een grondles, die een wys en deuchtzaam hart kan geven;
    Aan een aandachtig man, wien zy ter harte gaat.
    Maar levend zinnebeeld van 't leven dat verdwynt,
Gy smoort in duisternis nu gy uw licht gaat missen;
En ik ga door de dood uit myne duisternissen
    Naar 't onuitbluschlyk licht, dat in den Hemel schynt.

HEIMAN DULLAERT
(1639-1684)

On My Candle, About to Burn Out

O candle with your near-extinguished flame! You try
Your best to help me as I diligently look
To glean some wisdom out of every learned book,
  So richly laden for a scholar's greedy eye;
  And you give me a book that teaches me to start
To see these last hours of the mortal life I live,
A basic lesson that a virtuous heart could give
  If an attentive man would take it to his heart.
  But, living symbol of this fleeting life of mine,
You smother in the darkness with your light's last breath;
While I shall go out from my darkness now through death
  To Heaven's quenchless light, that shall forever shine.

JAN LUYKEN
(1649-1712)

Verrassing

Spytig Klaartje sou haar baden
Moedernaakt in eene beek,
Die langs klavere boorden streek,
Overschaaut van wilge-bladen;
Grage Reynoudt sat en keek,
Watertandend door de rietjes;
En hy riep eens soet met een:
Noch wat dieper, tot de knietjes;
Daar mee droop sy schaamrood heen.

*The word 'spytig' is used here in an unusual sense, now
archaic. See Woordenboek der Nederlandsche Taal,
volume 14, p. 2801-2802:*

*Spijtig ... I, Bnw. A. 6. Inzonderheid van meisjes: toe-
nadering afwijzend, ongenaakbaar voor vrijers.*

*Then follow citations from contemporaries of Luyken, e.g.
Burg:*

*Hadt gy als een spytig nufje met my gehandelt; hadt gy my
als een veel te vrymoedigen knaap gestraft, door een
grievent stilzwygen; dan enz.*

JAN LUYKEN
(1649-1712)

Surprise

Prudish Clara went to wash,
Stepped stark naked in a brook;
Its course through leafy banks it took,
Shadowed by willow and by ash.
Eager Raymond stopped to look
Through the rushes and the creeper;
Mouth watering, he softly speaks:
"To your knees, a little deeper!"
She runs off with burning cheeks.

J. VAN HOOGSTRATEN
(1662-1736)

Nel Gwyn

't Geluk dat meest de deugd ontvlied
    Komt de ondeugd in den mont geloopen.
En houd voor de een niet als verdriet,
    Voor de andre een hof van wellust open.
't Aanmerklyk voorbeeld is Nel Gwyn.
    Tot Karels Hofpop hoog verheven.
Zoo voerd, daar duizend Juffers zyn,
    Een appelmeyd een vorstlyk leven.

J. VAN HOOGSTRATEN
(1662-1736)

Nell Gwyn

Fortune, that seems virtue to shun,
   Will fly to vice, though quite unjust:
Brings grief to one; the other one
   Is led into a court of lust.
For so Nell Gwyn rose up to be
   The doll with whom King Charles played;
Of all young ladies there, you see,
   The prize went to the applemaid.

ARNOLD NACHTEGAEL KLEMENS
(dates unknown; this poem published 1726)

Op de Poëzy

Hoe meer de Poëzy veracht wort en vertreden,
(Zy is den palm gelyk, die groeit door tegenheden)
   Hoe haer triomfkrans met te schooner luister gloort,
Gelyk de zon, die, door een drift van onweêrdampen,
   Heenbrekende, Oost en West met gulde zoomen boort.
De deugt groeit door den nyt, de dichtkunst groeit door rampen.
   Wat quynt ge, o godentelg? gy doet uw' stam te kort,
   De haet vereeuwigt u, als gy gelastert wort.

ARNOLD NACHTEGAEL KLEMENS
(dates unknown; this poem published 1726)

On Poetry

The more poetic art is scorned with enmity,
(Just like the palm tree, thriving in adversity)
   The more her wreath of triumph shines with luster bold;
And as the sun, when it's by storm clouds darkened most
   Will then break through, and East and West will edge with gold,
So virtue thrives when envied, poetry when opposed.
   Why languish, godly scion? Live up to your great name;
   Hate renders you immortal, when it tries to defame.

HENDRIK VAN DE GAETE
(1682-1719)

Aan Juffr. N. N.
Op Haar Mosje, Van Haar Genoemd
Oudeman

Uw Jeugd die past geen Oudeman,
Het moet een frisse Jongman weezen,
Die vry wat meer als tjilpen kan,
Zal hy uw minnepyn geneezen?
't Is waar, uw Mosjen is wel raar,
Maar wat voor zoetheid kan 't u geeven?
Kiest zulk een trouteldiertje maar,
Daar gy in wellust meê kund leeven,
Want al het zoet is bitter roet,
Als men alleen 's nachts leggen moet.

HENDRIK VAN DE GAETE
(1682-1719)

To Miss N. N.
On Her Sparrow,
Whom She Named "Old Man"

For your youth, no Old Man will do;
A fresh young fellow it must be,
Who can do more than chirp for you,
To cure your love pangs lovingly.
Although your sparrow's a rare bird,
What is so sweet that he can give?
Some other pet should be preferred,
A lusty life with him to live;
For all our sweetness turns to spite
When we must lie alone at night.

Onweetent

Ik Schryf, en weet niet wat!
Ik Digt, en moet nog denken,
Om 't geen ik op dit blad,
Mijn Lezer nu zal schenken:
Maar wyl ik niets en weet,
Zoo doe ik niemant leet.

ROELAND VAN LEUVEN
(1691-1757)

Witless

Ignorant, I use ink,
Write verse before I think
How I shall on this page
My reader's mind engage;
Though I know nothing, still
I'm doing no one ill.

BALTHAZAR HUYDECOPER
(1695-1778)

Boven de Ingang der Bank van Leening, te Amsterdam

Hebt gy noch geld, noch goed? gaa deeze deur voorby.
Of hebt gy 't laatste, en mist gy 't eerste? kom by my.
Geef pand, ik geef u geld. Waarom zoude ik u borgen?
Of is 't u niet genoeg dat gy van 't myne teert?
Maar eischtge uw goed te rug, dan dientge in tijds te zorgen,
Dat my mijn hoofdsom, met de renten, wederkeert:
Zo help ik u en my; en toon, aan de onderzoekers
Van mijn geheimen, 't graf des eervergeeten woekers.

BALTHAZAR HUYDECOPER
(1695-1778)

Over the Entrance to the Amsterdam City Pawnshop *

Have you neither goods nor money? Pass by this door.
Have you the former, lack the latter? Enter my store.
Give gage, I give you cash. Why should my loan be free?
Or is it not enough that now you live off me?
If you want back your goods, obey then my request:
Repay the principal, along with interest.
This helps myself and you; so may be found in me
The grave of all dishonorable usury.

---

* *This was a pawnshop set up by the city to compete with and*
undermine the exorbitant rates of private moneylenders.

DIRK SMITS
(1702-1752)

Aan den Westewindt

Levenwekker, Westewindt,
Lenteblazer, die gezwindt
Door de frissche telgjes spartelt,
Huppelt, tuimelt, danst en dartelt;
Als gy luchtig zwiert en zweeft,
Daer myn vreugdt Lykoris leeft,
En haer eerste minnezuchtjes
Offert aen uw zwoele luchtjes;
't Zy ge door haer lokjes speelt,
Of de roode roosjes streelt,
Op haer lelywitte kaken;
't Zy ge uw koelheit zelfs voelt blaken,
Door het vlammenstokend licht
Van haer tooverend gezicht;
't Zy ze u strookt met lonkje op lonkje;
Blaes dan 't kleene minnevonkje,
Dat ze in haren boezem voedt,
Tot een' reinen minnegloedt,
Die haer koelheit eeuwig were,
En in felle vlam verkeere!
Die haer borst zoo stove en raek',
Dat zy gloeije, brande en blaek'!
Duik dan stil in groente en lover;
Laet vry 't blusschen voor my over.

88

DIRK SMITS
(1702-1752)

To the West Wind

West Wind, wakener of spring,
Blowing life on everything,
Skipping, tumbling, dancing, darting
Where the fresh young shoots are starting;
As you lightly reel and roam
And reach my joy Lykoris' home,
And she her first small loving sighs
Shall offer to your sultry skies;
Whether you play through her hair,
Or stroke the roses red and fair
Upon her visage soft and white;
Or if your cool self blaze up bright
From the warm inflaming grace
Of her own enchanting face;
Or if she court you with her glance,
Then blow, that love-spark to enhance
That lives within her bosom there
Until it shall catch fire and flare,
And turn what was so cool and tame
Into a brilliant scorching flame!
May this so heat and rack her breast,
To glow and burn, and never rest!
Then you to grass and leaves retire,
And leave me to put out the fire.

FRANS DE HAES
(1708-1761)

Fabel

In 't ryk der Dieren was onlangs verschil gerezen,
   Wie 't fraeiste zingen kon, de schelle Nachtegael,
Of Koekoek. In dees' twist zou de Ezel rechter wezen,
   Wyl hy in ooren by de Dieren altemael
Den prys well verre strykt. De rechter stak zyn ooren,
   Zoo dra de Nachtegael en Koekoek, elk by beurt,
Een ieder op zyn wys en 't schoonst', zich lieten hooren,
   Scherpluistrende op. Wanneer nu elk had uitgeneurd,
Begon hy, balkende, het vonnis dus te vellen:
   De Koekoek wint het ver: en, zoo my iemant dwingt
Te zeggen om wat reên, 'k heb redenen die knellen.
Den zang des Nachtegaels kan niemant na vertellen,
   Maer kleen en groot verstaet al wat de Koekoek zingt.

   Dees Fabel dient om elk te leeren,
   Op welk een kam men hen moet scheren,
   Die, kunsteloos, de kunst onteeren,
   En koper boven goud waerderen.

FRANS DE HAES
(1708-1761)

A Fable

Among the animals a contest rose to see
  Who the best singer was, cuckoo or nightingale.
In this the donkey would be judge, for all agree
  His ears excel the rest. And so in this fine tale
The judge pricked up those ears, as they would sing in turn
  And try their very best the other to outdo,
Each one in his own way, the laurel wreath to earn.
  He brayed his judgment out, as soon as both were through:
The cuckoo wins by far; and if you would compel
  Me to say why this is, and what may be the things
That make me so decide, I can explain it well.
What nightingale has sung, no one can really tell,
  But we all understand the song the cuckoo sings.

What we can learn now from this ass:
How we on those must judgment pass
Who without art the arts harass,
And to the gold prefer the brass.

91

De Bestrafte Haen

Vervloekte Haen, die met uw kraejen,
My in myn nachtrust' hebt verstoordt:
Wel dubbel waerdt te zyn vermoort,
Ik zweer, 'k zal u den hals omdraejen.

Gy moogt wel voor myn handen schromen.
Ik blusch myn gramschap in uw bloet;
Dewyl ge my het zoetste zoet,
Door uw gekakel hebt ontnomen.

Ik droomde: ('t kan myn ziel noch streelen)
Dat ik op eenen frisschen dag,
De heete zon ontweken lag,
In 't groen der klaterende abeelen.

Ik zag Klimeene my genaken,
Ik viel om haeren blanken hals,
Zoo aengenaem, zoo zoet, zoo malsch!
Toen deedt ge, o schrikdier, my ontwaken.

Anakreön. Gez. XII

KORNELIS ELZEVIER
(1717-1761)

The Chastised Cockerel

Accursed cockerel, who did wreck
My night's sleep with your raucous cry,
A double death you ought to die;
I swear that I shall wring your neck.

Well may you shrink back from my grip.
Your blood will quench my wrathful fire;
The sweetest sweet of my desire
You with your cackling have let slip.

I dreamt (my soul still thrills in me)
That once upon a fine fresh day,
As out of the hot sun I lay
Under a trembling poplar tree,

Klimene came to me − joy of joys −
I took her into my embrace,
So sweet, so tender in her grace!
Then you, beast, woke me with your noise.

Translated by ETHEL GRENE

The Dutch poem is modeled on Song XII of Anakreon, a Greek lyric poet c563-c478 B.C.

O. C. F. HOFFHAM
(1744-1799)

Myn Ledigheid

In geruste en vrolyke oogenblikken,
Knoopt myn geest de vadzigheid en dichtkunst
Aan elkaêr; myne ongezochte vaerzen
Plooijen zich van zelve op myne lippen.
Ledigheid! beminlykste gezellin
Myner onbezorgde levensdagen!
'k Dank myn heil en kunst uw' invloed.
ô Verheug, beziel, voltooi my verder!
En, gelyk natuur het kroost van Flora
Speelend voortbrengt, Ledigheid! ô! bloei ook,
Bloei ook zo in myne onnoozle dichten!
Laat, waar myne voeten dartlend treeden,
Keur van jong en fris gebloemte ontluiken;
't Welk de blyde jeugd met lust vergader',
En schakeere, en kranssen daarvan vlechte,
Voor de kruinen van aanstaande dichters!

O. C. F. HOFFHAM
(1744-1799)

My Idleness

In my most quiet and most cheerful moments,
My spirit joins my indolence and art;
Till of their own accord my unsought verses
Will come and fold themselves upon my lips.
O Idleness, most charming of companions
Of all my many carefree days of life!
I thank you for my art and my good fortune.
Gladden, inspire and fulfill me further;
And just as nature playfully brings forth
The progeny of Flora, may you bloom too,
May you bloom too in these my simple writings!
Grant that where trippingly my footsteps fall,
A choice of fresh new flowers opens up,
Cheerfully to be gathered by the young
To sort them out and weave them into wreaths
With which to deck the brows of future poets.

HIERONYMUS VAN ALPHEN
(1746-1803)

De Spiegel

Die telkens in den spiegel ziet,
En zig met schoonheid vleit,
Beseft de waare schoonheid niet,
Maar jaagt naar ijdelheid.

Dit glas maakt trots, of geeft ons pijn;
Wil 'k weeten, wie ik ben,
Dan moet Gods woord de spiegel zijn,
Waar ik mijn hart uit ken.

HIERONYMUS VAN ALPHEN
(1746-1803)

The Mirror

She who to mirrors turns her head
    And beauty thinks to see,
Knows not true beauty, but instead
    Runs after vanity.

This glass gives pride or pain to me;
    To find out who am I,
Then God's word must the mirror be,
    To know my own heart by.

ADRIAAN LOOSJES
(1761-1818)

De Naam op de Duiventil

Philas, door de min bestreeden,
    Hadt de naam van *Amaril*,
Met zijn' naam, wel diep gesneeden
    Op den rand der Duiventil.
'k Zie haar na heur Duifjes treeden,
    Die ze als anders voêren wil.
't Meisje vindt haar naam geschreeven
    Bij zijn' naam, zij bloost, zij lacht:
Wat zij dacht, is ons om 't even.
    Maar wie hadt het ooit verwacht,
Dat haar Duifjes hongrig bleeven,
    Daar zij om geen voêren dacht.

ADRIAAN LOOSJES
(1761-1818)

The Name on the Dovecot

Philas, in the throes of love,
  Carved the name of *Amaril*,
His own below, and hers above,
  Deep into the dovecot sill.
I see her come to feed each dove
  Which she never yet forgot,
When her eye his writing caught;
  She laughs, and her cheeks turn red:
We need not know just what she thought.
  But who could ever have foresaid
The doves did not get what she brought;
  She thought of something else instead.

ANTHONY VAN DER WOORDT
(1769-1794)

Niet om den Lauwer

Niet om den lauwer, die in erts gestempeld is,
noch om den roem der menigte, klonk ooit mijn lied;
laat andren dezen gretig zaamlen; mij bekoort
der eigendunkelijke rechtren gouden prijs,
noch ook de roem, die ons een dwaze menigt biedt.
Ik zong, als mijne borst, gedrongen door het geen
ik voelde, lucht in liedren zogt, (een' vloed gelijk,
die, sterk geprest, zijn bedding uitstroomt;) het gevoel
mijns harten mijnen vrienden toe: hun oor aleën
verneme mijn gezang: klinkt mijner liedren toon
hun lieflijk, o, dan volgt mij overvloed des roems!
En zo daarbij nog, hier of daar, mijn lied in 't oor
eens van mij ongekenden, egten rechters ook
mogt lieflijk klinken – ja! dan loeg mijn zelf-gevoel
mij zelfs den roem der natijd toe; dien schonen roem,
mij meêr dan eren-goud of marmren zuilen waard.

ANTHONY VAN DER WOORDT
(1769-1794)

Not for Laurels

Not for laurels, though they be graven in bronze,
nor for renown among the masses, rang my song;
let others avidly run after these; I seek
neither a self-satisfying golden prize,
nor the fame bestowed on us by foolish crowds.
I sang as if my chest, prompted by all I felt,
breathed air in song (just like a stream hard pressed
will overflow its bounds;) so did I air
the feelings of my heart; yet they were always meant
for the ears of my friends alone − and if they should
charm them, oh then that were fame enough for me!
And should it happen that some other time or place
my verse sound pleasant to the rightly judging ear
of one unknown to me − yes, then my own conceit
would spell me fancies of a future shining fame
more precious than gold or marble monuments.

N. J. STORM VAN 'S GRAVESANDE
(1788-1860)

De Waarheid

De waarheid is een brood slechts goed voor scherpe tanden;
Een spijs, die aan den disch liefst elk voorbij laat gaan;
Een boek, dat menig slechts gedwongen neemt in handen;
Een bruid, waar naast geen mensch als bruigom graag wil staan.

N. J. STORM VAN 'S GRAVESANDE
(1788-1860)

Truth

Truth serves only those with sharpest teeth for bread;
It is a dish not welcome in the dining room;
A book that many, only when constrained, have read;
A bride not really coveted by any groom.

DE SCHOOLMEESTER
(1808-1858)

Grafschrift

Wandelaar, om u de waarheid te zeggen,
UEd. kunt zoo moei van 't loopen niet zijn als ik van 't leggen.

DE SCHOOLMEESTER
(1808-1858)

Epitaph

O passer-by, this truth is edifying:
You can't as tired of walking be as I of lying.

CAREL VOSMAER
(1826-1888)

Melancolia

Als men ten laatste heeft gevonden
Waar heel de ziel naar smacht,
Dan is 't te laat, de dag verzwonden,
Reeds valt de nacht.

Als 't kleed ons past, is het versleten,
Als men het boek kent, is het uit,
Als men het leven komt te weten,
Dan valt het scherm dat alles sluit.

Melancholy

When you have reached the goal at last
    That your soul had in sight,
It is too late, the day has passed,
    And it is night.

The coat's worn out when it feels good,
    The book is done, once comprehended;
As soon as life is understood
    The curtain falls − the play is ended.

Boutade

O land van mest en mist, van vuilen, kouden regen,
Doorsyperd stukske grond, vol killen dauw en damp,
Vol vuns, onpeilbaar slijk en ondoorwaadbre wegen,
Vol jicht en parapluies, vol kiespijn en vol kramp!

O saaie brij-moeras, o erf van overschoenen,
Van kikkers, baggerlui, schoenlappers, moddergoôn,
Van eenden groot en klein, in allerlei fatsoenen,
Ontvang het najaarswee van uw verkouden zoon!

Uw kliemerig klimaat maakt mij het bloed in de aderen
Tot modder: 'k heb geen lied, geen honger, vreugd noch vreê.
Trek overschoenen aan, gewijde grond der Vaderen,
Gij — niet op mijn verzoek — ontwoekerd aan de zee.

Boutade:
An Ode to the Dutch Climate

O land of mist and muck and dampness all-pervading,
O soggy piece of soil, of chilly, dirty rain,
Of deep and slimy mire and mud-roads beyond wading,
Of toothaches and of gout, umbrellas and migraine!

O tedious morass, O acres of galoshes,
Of bargemen, geese and frogs, of swampgods all and one,
Of every kind of duck that in the puddle sloshes,
Receive the autumn moan of your rheumatic son!

Your cloudy, clammy clime so unconciliatory
Has turned my blood to mud: there's peace nor joy for me.
Put on your overshoes, O hallowed ground of glory,
That − not at my request − was wrested from the sea.

Tempus edax...

't Is stille! Neerstig tikt het on-
    gedurig hangend wezen,
waarop de weg naar 't eeuwige, in
    twaalf stappen, staat te lezen.

't Is stille en middernacht! Alsof
    ik blind ware, om mij henen,
in donkere diepten schijnt het al
    verduisterd en verdwenen.

't Is stille! Niets te zien en niets
    te hooren, - 't doet mij beven! -
als 't altijd neerstig bijten van
    den tijdworm aan ons leven!

GUIDO GEZELLE
(1830-1899)

Tempus edax... *

Silence. The impatient being
    on the wall ticks busily,
showing us the twelve-step road
    leading to eternity.

Silence: midnight! Just as though
    I were blind, and round me here,
in vast abysses seems the world
    to darken, disappear.

Silence. Nothing to be seen
    or heard – my fear revives! –
except the steady nibbling of
    the time-worm at our lives.

---

*   *Time the devourer... From Ovid's Metamorphoses, xv. 234,*
   'Tempus edax rerum.' : 'Time the devourer of all things.'

GUIDO GEZELLE
(1830-1899)

Moederken

't En is van u
hiernederwaard,
geschilderd of
    geschreven,
mij, moederken,
geen beeltenis,
geen beeld van u
gebleven.

Geen teekening,
geen lichtdrukmaal,
geen beitelwerk
    van steene,
't en zij dat beeld
in mij, dat gij
gelaten hebt,
    alleene.

o Moge ik, u
onweerdig, nooit
die beeltenis
    bederven,
maar eerzaam laat
ze leven in
mij, eerzaam in
    mij sterven.

Mother

There is of you
for me on earth,
in writing or
in painting,
my mother dear,
no picture left,
no image is
remaining.

No drawing and
no photograph,
no sculptured work
in stone,
except that image
deep within
you left with me
alone.

Oh, that I never
worthlessly
that image may
belie;
may it in honor
live in me,
in honor with me
die.

Ochtend

De hemel is zoo troosteloos grijs,
   Het wil niet dagen...
De wind zingt in de boomen een wijs
   Van klagen...

Ik hoor de droppelen nedergaan
   In 't neevlig duister, –
Voor 't open venster blijf ik staan
   En luister...

Zoo stil is 't overal om mij heen
   Op donkere wegen...
Alleen het troosteloos geween
   Van regen...

WILLEM GERARD VAN NOUHUYS
(1854-1914)

Morning

The sky is so disconsolately grey,
    Day will not dawn...
The wind sings through the trees today
    In a moan...

In this haze I'm watching how
    The raindrops glisten, –
I stand here at the window now
    And listen...

It is so silent all around
    In the dark lane...
Only the disconsolate sound
    Of rain...

HÉLÈNE SWARTH
(1859-1941)

De Pop

Gelijk een spelend kind, in zoeten waan,
Haar pop aan 't liefdevolle hartje drukt,
Van 't zielloos mondje menig kusje plukt
En meent haar kindjes hart te voelen slaan,
Het vlassen haar met bloem en lintje smukt,
De klêertjes aantrekt, die zoo mooi haar staan,
De wassen wang, wier rooskleur haar verrukt,
Warm streelt – de verf hangt lipje en vinger aan –

Zoo deed ik, dwaze, met mijn dichterdroom.
Mijn leven leende ik aan de lieve pop.
O glimlach niet: ik was zoo jong, zoo mild!

Mijn popje doste ik uit en sierde ik op
En kuste en minde ik, o zoo têer, zoo vroom,
Zoo lang! – Wee mij! ik heb mijn ziel verspild.

HÉLÈNE SWARTH
(1859-1941)

The Doll

Just as a child at play in fancy sweet
Will press her doll against her loving heart,
Pluck kisses from the soulless mouth, and start
To think she feels her baby's small heart beat;
Put flowers and ribbons in its flaxen hair,
And deck it out in all its pretty dresses,
Fondle the waxen cheeks, rosy and fair,
– The paint stains hands and lips from those caresses –

So did I, fool, do with my poet's dream.
I lent my whole life to that darling doll.
Oh, do not smile: I was so young, so chaste!

I dressed my dolly up, gave her my all;
Too tenderly I loved her, it would seem,
Too long. – Woe me! My soul has gone to waste.

HÉLÈNE SWARTH
(1859-1941)

Christophoros

En in de beek stond reeds mijn voet gebaad
– Een beek, door dubblen dorst van zon en zand
Half leeggezogen – toen een kinderhand
Mij vasthield bij den zoom van mijn gewaad.

En als een rooswolk in een gouden rand
Lachte in een lijst van goudhaar zijn gelaat,
Terwijl hij sprak; – "Zoo gij door 't water waadt,
Draag me op uw schoudren naar dat schoone land!"

En alzoo deed ik, doch, toen ik hem droeg,
Werd wat mij licht leek, middlerwege, als lood.
En 't water zwol zóó dreigend dat ik vroeg:
– "Moet ik nu sterven en zijt gij de Dood?"
Hij sprak: – "De Dood niet, maar uw Meester wel!"
Toen zweeg de storm en 'k zei: – "Emmanuël!"

HÉLÈNE SWARTH
(1859-1941)

Christopher

I had already stepped into the brook
− A brook half emptied by the sun and sand −
When all at once I felt a small child's hand
Reach out to me and hold me by my cloak.

And like a rosy cloud with a gold band
Around it, so his laughing face did look
Up at me from his golden hair, and spoke:
"Take me there with you, to that lovely land!"

I put him on my shoulders, but my load,
That looked so light, began to weigh like lead;
The current swelled around me as it flowed;
"Must I die now, and are you Death?" I said.
"Not Death," said he, "Your Master!" The waters fell,
And I replied, "My Lord Emmanuel!"

Translated by ETHEL GRENE

*This is the story of St. Christopher, patron saint of travelers.
Jesus is said to have appeared before him as a child asking
to be carried across a river, but on the way across became
so heavy that he could hardly be borne because he carried
the weight of the world. When questioned, he revealed this
and his identity to Christopher.*

HÉLÈNE SWARTH
(1859-1941)

Loon

Ik zong en zie! de beek gaf mij een dronk tot looning,
De wijnstok, wijn, het koren, brood.
Geen struik die mij geen bloem, geen bloem die mij geen honing,
Geen boom die mij geen schaduw bood.

De zon gaf mij haar goud, de morgen, haar juweelen
En de avond, al zijn hemelrood.
Maar wie mij had beloofd, zijn ziel met mij te deelen,
Gaf haat voor liefde en steen voor brood.

HÉLÈNE SWARTH
(1859-1941)

Reward

I sang, and see! The wheatstalk gave me bread to eat;
　　The vine gave wine; the brook, drink water bade.
No bush that gave no flower, no flower that gave no sweet,
　　No tree that did not give me shade.

The sun gave me its gold, and dawn its jewels proffered,
　　And evening all its heavenly red.
But he whose vow to share his soul with me had offered,
　　Gave hate for love and stone for bread.

AUGUSTA PEAUX
(1859-1944)

Treurnis

In de lente met het eerste groen
is mijn leed geboren,
nu geven de bladeren schaduw en doen
hun ruischen hooren
en mijn leed leeft sterker als toen
en het zal niet welken met het welkend loover,
het gaat niet over.

Sorrow

In spring as the first green was found
began my grief;
now there is the shade and the rustling sound
of every leaf
and my grief has still gained ground,
and it shall not wither with the withering grass;
it will not pass.

Mijn Oogen Branden

Mijn oogen branden,
Met felle randen...
De klokken luien, luien mij uit.
Mijn klamme handen
Bestasten de wanden...
De klokken luien, luien mij uit...
Wàt toch dat luien in góds-naam beduidt...

O, om een slag,
Die op eens mij versloeg!
O, om een dag,
Dien ik niet meer verdroeg!
Warende waduwen
walmen mij om...
Dwalende schaduwen
staren daar stom...

De klokken luien, luien mij uit...
Heffende handen rekken
gestrekt,
Vragende vormen worden
gewekt...
O, wat dat luien, dat luien beduidt...
De klokken luien, luien mij uit.

WILLEM KLOOS
(1859-1938)

My Eyes Are Burning
(Dirge)

My eyes are burning,
In sockets churning...
The bells are tolling, tolling for me.
My fingers all
Grope for the wall...
The bells are tolling, tolling for me...
Oh, what their meaning in God's name may be...

　　　　Oh, such a slay
　　　　That suddenly slew!
　　　　Oh, such a day
　　　　That I couldn't bear through!
　　　　Willowy wadowings
　　　　　　walling me round...
　　　　Billowy shadowings
　　　　　　stare without sound...

The bells are tolling, tolling for me...
　　　　Hastening hands are
　　　　　　stretching erect,
　　　　Fatuous forms are
　　　　　　taking effect...
Oh, what the meaning, the meaning may be...
The bells are tolling, tolling for me.

WILLEM KLOOS
(1859-1938)

De Boomen Dorren

De boomen dorren in het laat seizoen,
   En wachten roerloos den nabijen winter...
   Wat is dat alles still, doodstil... ik vind er
Mijn eigen leven in, dat heen gaat spoên.

Ach, 'k had zoo graag heel, héél veel willen doen,
   Wat Verzen en wat Liefde, – want wie mint er
   Te sterven zonder dees? Maar wie ook wint er
Ter wereld iets door klagen of door woên?

Ik ga dan stil, tevreden en gedwee,
En neem geen ding uit al dat Leven meê
   Dan dees gedachte, gonzende in mij om:

Men moet niet van het lieve Dood-zijn ijzen:
   De doode bloemen keeren niet weêrom,
Maar *Ik* zal heerlijk in mijn Vers herrijzen!

WILLEM KLOOS
(1859-1938)

The Trees Are Withering

The trees are withering in the waning sun,
   Silently wait for winter to draw nearer...
   How still it is, dead still... and I see clearer
How my own life soon to its close must run.

There is so much I still would like to have done:
   Some verses and some love, – for who would care
   To die without these? But then what is there
By weeping or by raging to be won?

So I go meekly, quiet and at peace,
And from that life take nothing when I cease
   But this reflection, humming through my brain:

There is no fear in knowing that one dies;
   Although dead flowers do not bloom again,
I shall in glory through my verse arise!

WILLEM KLOOS
(1859-1938)

Ik Ben Te Veel een Mensch Geweest

Ik ben te veel een ménsch geweest,
    Een mensch, die gilde en klaagde en schreide,
Die dronk zijn glas en vierde feest
    En diep-gevoelde dingen zeide.

Nú ben 'k een delikaat artiest,
    Verliefde van zijn fantasieën,
Maar die zich 't aller-liefst verliest
    In zijn kokette melancholieën...

Melancholie − om wie? om wat?...
    Ik weet niets meer, kan niets meer voelen
Dan zoet gespeel met dit en dat
    Van rijmen, zachte, klare, koele.

WILLEM KLOOS
(1859-1938)

I've Been a Common Man Too Long

I've been a common man too long,
  A man who screamed and wept too much,
Who drank his wine and sang his song
  And uttered deep-felt things and such.

Now, as an artist, I'm refined,
  Enamored of my fancy frolics,
But who prefers to use his mind
  In coquettish melancholics....

Melancholy – for whom? for what?...
  I know no more, can feel no more
But for sweet play with this and that:
  Rhymes, soft, clear, cool, forevermore.

FREDERIK WILLEM VAN EEDEN
(1860-1932)

Toen Ons Kindje Glimlachte

Toen hij geglimlacht heeft, 't eerst van zijn leeven,
kwam hij uit verre, stille landen zweeven.
Daar had hij geen gehoor en geen gezicht,
en leefde alleenlijk bij inwendig licht.

Daar is het eenzaam en geen enkel ding
wordt er verwacht of laat herinnering.
Alles is daar zeer ernstig, en de nacht
heeft er geen weemoed, en ook niets dat lacht.

Met al de strengheid in zich van die sfeeren
kwam hij het luide, lichte leven leeren,
de klanken en de groote mensch-gezichten,
de schitteringen en de lampelichten.

't Was alles hem oneigen en om 't eeven,
want niets verbond hem met dit nieuwe leeven.
Tot hij zijn moeder en zijn vader zag,
opmerkzaam op het wonder van hun lach.

Dat vreemde teeken, dat hij niet verstond,
dat wonderlijk beweegen van hun mond,
dat sein van liefde, met een zacht verdriet
door 't weeten van Verleeden en Verschiet,

dat zocht hij stil te ontvangen met begrip,
zoo ernstig als de stuurman van een schip
die zoekt op onbekende zee zijn koers
en ziet een lichtsignaal door 't neevelfloers.

Hij liet zijn ooge' als tweelingstarren gaan
en zag ons beurtlings d'een na d'ander aan,

FREDERIK WILLEM VAN EEDEN
(1860-1932)

When Our Child First Smiled

The first time that he smiled, on that first day,
from strange and silent lands he'd made his way.
No hearing did he have there and no sight,
but only lived by an internal light.

It's lonely there, nor knew he of a thing
for his expecting or remembering.
The night is solemn, still, and never stirred
by sighs of longing, nor is laughter heard.

With all the earnest in him of that sphere
he came to learn of life's loud lightness here –
the many sounds and the big-people faces,
the lights in lamps and other sparkling places.

It was unfamiliar all, he didn't care,
he had no links with this new life whate'er;
then saw his mother and his father, while
he first observed the wonder of their smile.

That puzzling sign he didn't understand;
that wondrous moving of their lips he scanned;
that signal of their love that's overcast
by knowing of the future and the past.

He tried to read the message from their lip,
as intent as the master of a ship
lost on a mist-beshrouded course will gaze
for sign of light to guide him through the haze.

He fixed in turn the twin stars of his eyes
on each of us in mighty enterprise,

alsof hij omzocht in zijn hartegrond
of hij geen antwoord voor dat teeken vond.

Toen was het plotseling of een vogel diep
in hem ontwaakte, die daar heel lang sliep,
en met een schoone stem aan 't zingen ging,
lied'ren van blijdschap en herinnering.

En als een bloem uit 't verre scheemerland
ontbloeide in hem herkenning en verstand.
Hij zond het liefde-teeken tot ons weer.
Hij lachte zelf – en was niet eenzaam meer.

as if he searched deep in his heart's confines
to find perhaps some answer to our signs.

Then suddenly it seemed within him deep
a bird awoke that had been long asleep,
and with a happy voice began to sing
songs of rejoicing and remembering.

And as a bud unfolds to flower-cup,
his sense and recognition opened up.
He answered with a signal of his own:
he smiled himself, and was no more alone.

JAN HENDRIK LEOPOLD
(1865-1925)

Ik Ben de Waarheid

'Ik ben de waarheid!' en na steeniging
en stilgewordenzijn van stem en leven,
kroop het gemarmerd bloed bijeen en had
'ik ben de waarheid' op den grond geschreven.

JAN HENDRIK LEOPOLD
(1865-1925)

I Am The Truth

"I am the truth!" and when the stones were cast
and life and voice fell still and made no sound,
there was the marbled blood that crept together
and wrote "I am the truth" upon the ground.

JAN HENDRIK LEOPOLD
(1865-1925)

Ik Wil Gaan Schuilen

Ik wil gaan schuilen in mijn eigen woorden,
onzichtbaar zijn in mijn verliefd gedicht,
dat ik haar mond mag kussen, als wellicht
zij zingt en over open lippenboorden
de sylben komen van des onverhoorden
verlangens sidderende zielsbericht.

JAN HENDRIK LEOPOLD
(1865-1925)

I Want to Hide Away

I want to hide away in my own word,
invisible within my loving rhyme,
that I might kiss her mouth, if at some time
she sings, and as her open lips would part
the sounds of my unanswered longing start,
the shuddering message of my soul be heard.

JAN HENDRIK LEOPOLD
(1865-1925)

Laat de Luiken Geloken Zijn

Laat de luiken geloken zijn
wiege wiegele weine
en de stilte onverbroken zijn
wiege wiegele wee.

Wen het kindje gedoogen wil
moe en tevreeën,
dat de blinkende oogen stil
toe zijn gegleeën,

dan zal komen de droomenvrouw
zacht over den grond
zij de vrome, die schromen zou
zoo zij wakenden vond.

En zij zal in den langen nacht
aan het hoofd zich vlijen
met der droomen wufte vlinderpracht
het kindje verblijen.

Het verhaal zal zij weer beginnen
het angstig mooie
en zij zal zich duizend keer bezinnen
en het niet voltooien.

Laat de luiken geloken zijn
wiege wiegele weine
en de stilte onverbroken zijn
wiege wiegele wee.

JAN HENDRIK LEOPOLD
(1865-1925)

Let the Shutters Be Shut Tight

Let the shutters be shut tight
rockabye, rockabye wee one
and silence be throughout the night
rockabye, rockabye babe.

When the child, content and still,
shall allow
that his tired eyelids will
be closed now,

then enters the dream fairy-fay
soft her footsteps making,
so pious, she would shy away
if she found us waking.

And she shall through the whole long night
beside the pillow lie
with her dreams butterfly-bright
to charm the infant by.

She'll start the tale so often told
fearfully splendid,
it will be changed a thousandfold
and never ended.

Let the shutters be shut tight
rockabye, rockabye wee one
and silence be throughout the night
rockabye, rockabye babe.

JAN HENDRIK LEOPOLD
(1865-1925)

Laatste Wil van Alexander

Dan, als ik tuimel in de kist
    doodsoverwonnen en bezweken,
laat mijn twee handen zijn ontbloot
    en uit de baar naar buiten steken.

Dat, als ik het paleis verlaat
    en langs den grooten weg mij richt,
een elk mijn schamelte ontwaar'
    en worde door mijn lot gesticht.

Hoe zulk een, die veroverd had
    van aarde-oppervlak tot aan
de helle hoogten van gebergt',
    de diepten van den Oceaan,

Die des turkooizen hemels vriend
    en onbeperkte gunsteling
de verste grens van het heelal
    in zijn grootmeesterschap omving,

En zeggen kon: mijn stalen arm
    noopt de bevolkte wereld gansch,
dat hij zijn opgebrachten cijns
    uitstorten moet in mijn balans,

Ziet aan! hij maakte zooveel zorg
    en moeite en zooveel schats te schande
en is verloochend door zijn geld
    en heengegaan met leege handen!

The Last Will of Alexander

Then, when I, overcome by death
    and vanquished, in my coffin fall,
let my bare hands out of the box
    stretch forth, and be a sign to all.

So that, when carried from the court
    along the road I'm borne in state,
all men observe my poverty
    and be instructed by my fate:

How such a one, who conquered all
    unto the farthest boundaries,
and from the heights of mountains to
    the deep recesses of the seas,

Who was the friend of heaven itself
    and its unstinted favorite,
who was the master of the earth
    and made all mankind pay for it,

And who could boast: I can compel
    all nations with my iron hand
to pour their tribute and their tax
    into my scales at my command;

Behold! He put his wealth to naught,
    and he, the lord of all those lands
has been abandoned by his gold
    and gone away with empty hands!

Zegt overluid dit al, opdat
de drom der saamgeschoolde velen,
elk naar zijn rang in dezen dag
van onmacht en berooidheid deele.

Dat zij den kittel van het goud,
het veile, in hun ziel verslaan
en zuchten om hun eigen lot
en niet om mijn verlorengaan.

Proclaim it loudly, that the crowd,
    each one according to his station,
shall have his own share in this day
    of poverty and of privation;

That they the tickling lust for gold,
    corrupter of their soul, abate,
and sigh, not for the loss of me,
    but each for his own lot and fate.

ALBERT VERWEY
(1865-1937)

De Terrassen van Meudon

De lucht is stil: op eindloos verre heuvlen
Strekt zich de stad in blond en rozig licht –
Ik wend mij om waar lachen klinkt en keuvlen:
Daar kust een knaap een blank en zoet gezicht.

Ik zie omlaag: in vaste en strenge perken
Sombert rondom een kom een herfstge tuin.
Ik zie omhoog: een koepel, zwaar van zerken,
Stijgt, sterrenwacht, hoog boven bomenkruin.

Op trapgesteenten, broklig, maar gebleven,
Blijf ik dan peinzend en in weemoed staan, –
Want dode dingen zijn die langer leven
Dan wij die werden, welken en vergaan.

ALBERT VERWEY
(1865-1937)

The Terraces of Meudon

The air is still; on distant hills and after
The city stretches out in the rosy light.
I turn round to the talking and the laughter;
A boy is kissing a face, gentle and bright.

I look below: a strictly fashioned lawn,
A somber autumn garden round a pond.
I look above: a star-watch dome of stone
That mounts on high over the trees beyond.

On the crumbling but still surviving stair
I stop in thought and sadness, for I know, –
Dead things live on, and they will still be there;
It's we who come to life, and wilt, and go.

ALBERT VERWEY
(1865-1937)

Dichter-Wonder

Het wonder dat ik heb beleefd
Is juist dat ongestoord verband
Waarin zich vers met vers begeeft,
Somtijds als vingers aan een hand,
Somtijds als blaren aan een plant.

ALBERT VERWEY
(1865-1937)

Poet's Wonder

The wonder in this life of mine
Was just that undisturbèd band
That joined a verse line unto line,
Sometimes like fingers on a hand,
Sometimes like leaves upon a plant.

ALBERT VERWEY
(1865-1937)

De Schone Wereld

Iedre morgen na het nachtlijk slapen
Ligt mijn wereld nieuw door mij geschapen.

Iedere dag heb ik haar weggegeven,
Telkens één dag meer van 't eigen leven.

Telkens een kortstondiger bewoner
Zie ik haar belanglozer, dus schoner.

Schoonst zal ze eenmaal zijn als ik ga scheiden
En de grenslijn wegvalt van ons beiden.

ALBERT VERWEY
(1865-1937)

The Beautiful World

Each morning, having slept the whole night through,
There lies my world which I have made anew.

Every day I've given it away,
Each time from my own life another day.

Each time, with a shrinking tenure there,
I see it more detached, and thus more fair.

Most fair it shall be on my parting day
When our dividing border falls away.

ANONYMOUS
(date unknown)

Amsterdam

Amsterdam, die grote stad,
Die is gebouwd op palen;
En als die stad eens ommeviel,
Wie zou het dan betalen?

ANONYMOUS
(date unknown)

Amsterdam *

Amsterdam, that great big town,
Is built on poles of wood;
And if that town came tumbling down,
Who'd make the damage good?

---

* An Amsterdam folk verse. Because the site of the city was
actually a peat bog, the foundations of its buildings had to be
secured by driving wooden piles up to 30 yards long into the
firm clay below, to support them.

JACQUELINE VAN DER WAALS
(1868-1922)

Moeder

Moeder naar wier liefde mijn verlangen
Sinds mijn kinderjaren heeft geschreid,
Ach, hoe zult gij mij zoo straks ontvangen
Na den langen scheidingstijd?

Zult gij me aanstonds als uw kind begroeten,
Als 'k ontwaken zal uit mijnen dood?
Zal ik nederknielen mogen voor uw voeten
Met mijn hoofd in uwen schoot?...

Maar wat dan? Wat zult gij tot mij zeggen,
Bij het ver gegons van de engelenschaar,
Als ge uw jonge, blanke hand zult leggen
Op dit oude, grijze haar?

JACQUELINE VAN DER WAALS
(1868-1922)

Mother

Mother, who so long ago did leave me,
From childhood on still aching for your love;
But oh, how are you going to receive me
So soon now, when we meet above?

Oh can it be that as your child you'll greet
Me, when I wake again when I am dead?
And may I then kneel down before your feet,
There in your lap to lay my head?

But what then? What is it that you shall say,
Among the humming of the angels there,
When you your young white hand shall lay
Upon this old, grey hair?

JACQUELINE VAN DER WAALS
(1868-1922)

De Dood als Verlosser

Kom nu met uw donker, diep erbarmen,
Eindelijke Dood.
Laat dit pijnlijk lichaam in uw armen
Rusten als het kind op moeders schoot.

Laat mij veilig door de schaduw uwer groote
Vleugelen gedekt
Slapen gaan, het moede oog gesloten
En het lichaam pijnloos uitgestrekt.

JACQUELINE VAN DER WAALS
(1868-1922)

Death the Deliverer

Bring me at last your mercy, dark and deep,
Death, and let rest
This painful body in your arms, and sleep
Just like a child upon its mother's breast:

The safe and peaceful shade of your great wing
For my cover;
And let my tired eyes close, as slumbering
My body lies outstretched, its anguish over.

EDMOND VAN OFFEL
(1871-1959)

Lofzang

Ik heb mijn groot schoon Lief zoo lief
Met al mijn jonge krachten,
Met heel mijn wil, met heel de pracht
Van 't schoonst mijner gedachten.

Ik heb mijn Lief zoo innig lief
Met heel mijn ernstig leven;
Zij woont gekroond van al mijn hoop
In 't duurbaarst van mijn streven.

Mijn teerheid is ze spelend kind,
En moeder voor mijn lijden;
Mijn peinzen is ze een zuster zoet,
En vrouw voor mijn verblijden.

Alwaar ze gaat, ze draagt mijn hart
In hare klare kleeren;
Alwaar zij aâmt, ze leeft in 't licht
Van eindloos mijn begeeren.

En 't bouwen, dat mijn handen doen,
Wil als mijn Liefde wezen,
Een praalpaleis van puurte en macht
Om mijn schoon Lief gerezen.

Ik heb mijn groot schoon Lief zoo lief
Met vroom mijn zieleleven;
Het diepste, 't schoonste van in mij
'k Heb alles haar gegeven.

EDMOND VAN OFFEL
(1871-1959)

Paean

I love my great fair Love so much
With all the power I've got,
With my young will, the splendor of
The fairest of my thought.

I love my Love so fondly with
What's of my life sincerest;
Crowned with my hope, she dwells therein,
What's of my striving dearest.

For tenderness a playful child,
For grief, a mother dear;
She is a sister for my thoughts,
A wife to bring me cheer.

Where'er she goes, she bears my heart
Within her clear attire;
Where'er she breathes, she lives within
My infinite desire.

The building that my hands create
Shall, as my love, above
Her stand in strength and purity,
Proud palace for my Love.

I love my great fair Love so much
As prayers my soul bestir;
The deepest, fairest of myself,
I gave it all to her.

JAN PRINS
(1876-1948)

Zwarte Hoofden

Ik houd zoo van die lage palissaden,
Die van de kust de groote zee ingaan,
Alsof veel menschen van den oever traden
En tot hun schouders in het water staan.

De zee, het strand, de lucht, alles is wijd
En breedgebouwd en krachtig en grootmoedig,
Maar zij alleen leven in needrigheid
En pralen niet, maar waken, trouw en goedig.

Dronken van stervensroode zonnepracht,
IJdel met luister dien zij roofden,
Eischen de golven luid hunne oppermacht.

Maar ervoor staan hùn zwarte hoofden,
En houden wacht.

JAN PRINS
(1876-1948)

Dark Heads

How fond I am of those low palisades
That leave the coast for the wide ocean and,
Like a great crowd that from the shoreline wades,
Shoulder-deep there in the water stand.

The sea, the shore, the sky show such nobility,
Sweeping and bold, mighty and unconfined;
But these alone live on in their humility:
They are not proud, they watch, faithful and kind.

Catching the sunset's red intoxication,
Vain of the luster that another shed,
The roaring waves proclaim their domination;

But these oppose against it their dark head,
And keep their station.

AART VAN DER LEEUW
(1876-1931)

De Dieren

De landman gaat, nu de avond is gevallen,
En de arbeid slaapt, voor 't laatst zijn hoeve rond;
Hij keurt het werk der knechts in schuur en stallen,
En als zijn schaduw volgt hem trouw de hond.

Hij toeft bij 't vee, en luistert hoe het ademt;
Rond schoft en horen hangt een warme damp,
Die met een geur van zomer hem bewademt,
En in een nimbus nevelt om de lamp.

Dan loopt hij tastend langs de ruif der paarden,
Verwelkomd door een dreunend hoefgeklop;
Hij spreekt hen aan, en streelt een ruig behaarden,
Een speelsch hem toegestoken manenkop.

En als hij eindlijk, rustig na 't volbrachte,
De handen boven 't vlammend houtvuur heft,
Vervult hem nog de ontroerende gedachte
Aan wat rondom hem leeft en 't niet beseft.

Hij peinst, en leest in 't boek met koopren sloten
Het hoofdstuk uit, dat Noachs tocht beschrijft,
Hoe de arke met haar simple reisgenooten
Lang op den oeverloozen zondvloed drijft.

Gansch in het wonderbaar verhaal verloren,
Terwijl hij mijmrend in den haardgloed staart,
Lijkt het hem of, door God daartoe verkoren,
Hij met zijn dieren over 't water vaart.

AART VAN DER LEEUW
(1876-1931)

The Animals

The farmer goes, now as the evening falls
And labor ends, to make a final round,
Checking the farmhands' work in barn and stalls,
And followed like a shadow by his hound.

Pausing, he hears the cattle breathe; the air
That rises from their flanks is warm and damp,
With a smell of summer that enfolds him there
And hovers like a nimbus round the lamp.

He walks on past the horses' mangers then
Welcomed by thudding hooves along his way,
Talks to them as he goes, and strokes the mane
Of a rough head thrust out at him in play.

And so at last, at peace with what's been wrought,
Warming his hands above his woodfire's glare,
He still is taken by the moving thought
Of all that lives around him unaware.

Then pondering, he reads the chapter through
Of Noah, from the book with its brass stud,
And of the ark with all its simple crew
So long adrift upon the boundless flood.

Pensively staring in the fiery glow
And deeply by the wondrous story stirred,
It seems that God elected him to go
And sail the endless waters with his herd.

GEERTEN GOSSAERT
(1884-1958)

De Moeder

Hij sprak en zeide
In 't zaâl zich wendend:
Vaarwel, o moeder,
Nooit keer ik weêr...
En door de lanen
Zag zij hem gaan en
Sprak geen vervloeking maar weende zeer.

Sprak geen vervloeking...
Doch, bijna blijde,
Beval den maagden:
Laat immermeer
De zetels staan en
De lampen aan en
De poort geopend, de slotbrug neêr.

Maar toen, na jaren,
Melaatsch een zwerver
Ter poorte klaagde:
Uw zoon keert weer...
Zag zij hem aan en
Vond geene tranen,
Voor zooveel vreugde geen tranen meer.

GEERTEN GOSSAERT
(1884-1958)

The Mother

He spoke and said,
From the high saddle:
Farewell, O mother,
I'll come no more...
She just looked on and
Saw him gone and
Spoke no curse but cried full sore.

Spoke no curse...
But, almost gladly,
Told the maidens:
Let from now on
The seats be fit and
The lamps be lit and
The gates be open, the drawbridge down.

But when, years later,
A leprous vagrant
Moaned: Your son is
Back at the door...
She saw him near and
Found no tear and
For so much joy found no tears more.

163

Aan Ceres

Ceres, die 's ochtends uwen rijken buit
Van versche bloemkool, jonge sla en gele
Peentjes, andijvie, roô rabarberstelen
Ter stede voert in Hollands zware schuit,

Voor u schittert in blanke ruit naast ruit
De zon en maakt uw vruchten tot juweelen,
Het is voor u dat duizend vogels kweelen
En dat aan 't roer de jonge schipper fluit!

Geen mensch begroet, weldadige godin,
Met lach of lied uw schoone, rijpe vracht,
Geen klok luidt ooit uw blijden intocht in!

Slechts de oude huizen zien de kleurge gaarde
Van uwe schuiten glijden langs de gracht,
En uwen oogst die bloost van 't bloed der aarde!

JAN VAN NIJLEN
(1884-1965)

To Ceres *

Ceres, who at dawn your bounty large
Of cauliflower, rhubarb stalks, endives,
Of yellow carrots, lettuces and chives
Bring to the city in a stout Dutch barge;

For you the sun shines from each windowpane
To give the gleam of jewels to your fruit;
For you a thousand birds sing their salute
To which the helmsman whistles his refrain.

None welcomes, goddess, with a joyful din
Of laughter or of song, the gifts you fling,
And no bells peal to ring your advent in;

Only old houses watch the motley mirth
Of cargo-laden barges that you bring,
Your harvest blushing with the blood of earth.

* *Ceres was the Roman goddess of agriculture.*

PIERRE KEMP
(1886-1967)

Paarden

Een paard staat in een wei met wilgen aan den rand
en kijkt in 't koren.
Het kan de paarden aan den anderen kant
van de halmen bij het maaien hooren.
Zij zijn misschien niet van denzelfden stal,
maar paarden kennen paarden overal.
Ik ken de menschen, al is dat, wat ik van hen weet,
niet zoo compleet.

PIERRE KEMP
(1886-1967)

Horses

A horse in his pasture looks past its tree-lined edge
to where wheat is growing.
He can hear the horses beyond its farthest hedge
at their work mowing.
Horses know horses, and are even able
to know them if they're not from the same stable.
I know men, but what I know is not so neat
nor so complete.

PIETER NICOLAAS VAN EYCK
(1887-1954)

De Tuinman en de Dood

Een Perzisch Edelman:

Van morgen ijlt mijn tuinman, wit van schrik,
Mijn woning in: "Heer, Heer, één ogenblik!

Ginds, in de rooshof, snoeide ik loot na loot,
Toen keek ik achter mij. Daar stond de Dood.

Ik schrok, en haastte mij langs de andre kant,
Maar zag nog juist de dreiging van zijn hand.

Meester, uw paard, en laat mij spoorslags gaan,
Voor de avond nog bereik ik Ispahaan!" –

Van middag – lang reeds was hij heengespoed –
Heb ik in 't cederpark de Dood ontmoet.

"Waarom", zoo vraag ik, want hij wacht en zwijgt,
"Hebt gij van morgen vroeg mijn knecht gedreigd?"

Glimlachend antwoordt hij: "Geen dreiging was 't,
Waarvoor uw tuinman vlood. Ik was verrast,

Toen 'k 's morgens hier nog stil aan 't werk vond staan,
Die 'k 's avonds halen moest in Ispahaan."

PIETER NICOLAAS VAN EYCK
(1887-1954)

Death and the Gardener

A Persian Nobleman:

My gardener came this morn with shaking knees,
And pale with fright: "Master, one moment please!

"In the garden, trimming plants, I felt a breath;
I turned and looked behind me. There stood Death.

"Frightened, I ran away, but saw him stand
Pointing across at me with threatening hand.

"Master, your horse – let me, fast as I can,
Ride to arrive tonight in Isfahan."

He was long gone when, walking in the wood
This afternoon, I looked, and there Death stood.

I asked, for he said nothing when we met,
"Why did you scare my servant with a threat?"

He smiled. "It was no threat that made him flee;
I only was surprised myself to see,

"This morning, here at work, the very man
Whom I must fetch tonight from Isfahan."

PIETER NICOLAAS VAN EYCK
(1887-1954)

Zomerregen

Regen, regen, gij kleine regen,
Daar straks, van even terzijde, schuin
Door de uchtendstilte neergezegen
Op klim- en struikroos van de tuin.

En nu, de vochtige naglans tegen
Uit mij, dit donker perk, gebeurd,
Regen, regen, gij kleine regen,
Eén witte bloem, die trilt en geurt.

PIETER NICOLAAS VAN EYCK
(1887-1954)

Summer Rain

Rain, rain, O little rain,
Slanting sidelong as it flows
Through morning stillness, sinks again
On rosebush and on climbing rose.

And now, the moist glints that remain
Call forth from me, this darkened bower,
Rain, rain, O little rain,
One white and trembling fragrant flower.

Vrijgezel

Een bord, een glaasje melk, een snede brood
met koek, dat zijn de vrienden die hem wachten,
en als de dagen eenzaam, zijn de nachten,
't is een geluidloos stappen naar den dood.

Wie om de lusten maalt, kent ook de klachten,
blikt op een leven dat zijn volheid bood,
het huis des vrijgezels is steeds te groot,
bevolkt met zijn onvruchtbare gedachten.

Hij spreekt soms in zich zelf, de hospita
luistert aan 't sleutelgat en gluurt hem na,
hij moet elk vriendelijk gezicht betalen,

maar, uitgeleefd en ziek, wordt ie verwend,
ze staat beschreven in zijn testament,
de duivel moog' den ouden lastpak halen!

FRANÇOIS PAUWELS
(1888-1966)

Bachelor

A meal of bread and milk, his only friend,
awaits him in the lodging where he stays;
as lonely as the nights, so are the days;
it is a soundless pacing toward the end.

Who pleasure loved, knows discontent, sees still
life's fullness that he never wished to face;
a bachelor's house has always too much space
for the barren thoughts that live with him to fill.

He talks to himself; the landlady listens and knows,
hears through the keyhole, and watches to see where he goes;
he has to pay to keep his treatment civil.

She spoils him now that he is spent and ill,
knowing she is remembered in his will;
and so let the old pest go to the devil!

ADRIANUS ROLAND HOLST
(1888-1976)

De Vagebond

Zij wikken en wegen
hun geld en hun god,
en kanten zich tegen
mijn vluchtiger lot
omdat ik mijn handen
en oogen leeg
door hunne landen
omdroeg, en zweeg
in hun geschillen,
en ging als blind
om der eenzame wille
van sterren en wind.

ADRIANUS ROLAND HOLST
(1888-1976)

The Vagabond

They measure and weigh
their gold and their god,
and turn against
my lighter lot
because I carried
through their lands
nothing in my
eyes or hands,
nor spoke in their quarrels
but went as though blind
for the lone sake
of stars and wind.

CHRIS VAN DER WEYE
(1888-1973)

Weerzien

Weer te zamen na zoveel jaren...
en onze mond is stom.
Is er dan niets te zeggen – kom
laten we eens zien waar we gebleven waren.

't Was in dit Centraalstation van Amsterdam,
je had me in de trein gebracht, in onze ogen
waren de tranen reeds droog, er kwam
geen klacht meer over je lippen, onbewogen
leek je daar in die nauwe couloir
nu alles te aanvaarden, zo'n gemakkelijk afscheid,
geen kus meer, alleen: bonsoir,
toen de conducteur kwam zeggen 't was tijd.

Die trein heeft mij wel heel ver weggebracht,
een reis die maar geen einde wilde nemen;
de avond ging ongemerkt over in nacht
en heel mijn reis is het nacht gebleven.
Nu ziet hetzelfde station ons hier weer staan:
de reis voorbij, het leven – gedaan.

CHRIS VAN DER WEYE
(1888-1973)

Meeting Again

After so many years we meet again...
and our mouths are dumb.
Is there nothing then to say – come
let us just see, where did we leave off then.

'Twas in this Central Station, Amsterdam,
you saw me off, and said no more of your regret;
the tears no longer swam
in our eyes; and you seemed yet,
in that narrow corridor, without a sigh,
to accept it all; such easy parting,
not one more kiss, just a goodbye
when the conductor said the train was starting.

That train has taken me so far away,
a trip of which there seemed no end in sight;
and into night unnoticed changed the day,
and in my travels it was always night.
Here in this station we are met anew:
the trip is over now, – and life is too.

WILLEM VAN MAANEN
(1890-1989)

Dit Is Mijn Oog Niet Meer

Dit is mijn oog niet meer, dit blinde ding –
Een schorre stem bespot mij als ik zing –
O, dood, in de landouwen van mijn vlees
Ben ik de vreemde, gij de inboorling!

WILLEM VAN MAANEN
(1890-1989)

This Is My Eye No Longer

This is my eye no longer, this blind thing;
A hoarse voice comes to mock me when I sing;
O death, within the regions of my flesh
I am the stranger here, and you the king!

J. W. F. WERUMEUS BUNING
(1891-1958)

Een Oud Vers

Wat ik betreur te hebben niet bezeten
Is het geluk van menig burgerman:
Den vrede van het huisgezin, en van
De kinderen, die mee aan tafel eten.

En ik weet wel, dat in mijn arm gelegen
De liefste is bezwijmd van zaligheid,
Dat ik de stem ken van de eeuwigheid,
En van het hart, dat mijn hart is genegen.

Maar dit is alles niets, al deze dingen,
Gezegend, en te min; 't is eens niet meer;
Men hoort de vogels in de boomen zingen,
De jaren gaan, de winter keert steeds weer,
De sterren staan. Ik heb niet goed gekozen.
Wat doet een bedelaar met roode rozen?

J. W. F. WERUMEUS BUNING
(1891-1958)

An Old Verse

What I regret the most: not to have bound me
To the happiness of many a simple man,
To live at home in peace as others can,
With all my children at the table round me.

I know that on my arm there does recline
My darling overcome with ecstasy,
And that I know the voice of eternity,
And of the heart devoted so to mine.

But this is nothing; no for all of these,
Though blessed, are too little, will not last;
We hear the birds all singing in the trees,
Then winter comes again, the years go past,
The stars stand still. How foolishly I chose:
What should a beggar do with a red rose?

PAUL VERBRUGGEN
(1891-1966)

Valt Het U Zwaar te Danken

Valt het u zwaar te danken voor uw maal?
Zal ik uw broze lichaam op mijn handen nemen,
en zachtjes op de peluw bedden in mijn kamer?
Koel zal de boomgaard morgen voor uw venster staan,
en vogels zullen kwettren in de vroege zon.
Zult gij dan zonder groet mijn huis verlaten?

PAUL VERBRUGGEN
(1891-1966)

Do You Find It Hard to Thank Me

Do you find it hard to thank me for your meal?
Shall I carry your frail body on my hands
and gently bed it on the pillows in my room?
Cool shall the orchard stand for you at dawn,
and birds shall twitter in the morning sun.
Shall you then leave my house without farewell?

VICTOR VAN VRIESLAND
(1892-1974)

Gedragslijn

Ons voegt een adieu waar een bescheiden
Maanlicht in meedoet zonder ironie.
Laat de laatste woorden ongesproken;
Laten we niet zinspelen op 't scheiden.
　Doe alsof je oogen zijn geloken
　Als ik steelsgewijze naar je zie.

Zonder pathos gaan wij uit elkander
Waar het tuinpad eindigt in het gras.
Glimlach luchtig, tegen beter weten...
Spoedig vinden we elk wel weer een ander.
　Doe alsof je nu al bent vergeten
　Hoe dit alles bitter ernstig was.

Eens, na jaren, zien we elkander weder
En gaan groetend aan elkaar voorbij.
Maar dit afscheid leeft dan nog in droomen:
't Leek banaal, 't was zoo verzwegen teeder.
　Doe alsof je wist dat dit moest komen...
　Ga nu, snel, want anders spreken wij.

VICTOR VAN VRIESLAND
(1892-1974)

Code of Conduct

This last farewell of ours should be attended
By a modest moonlight, without irony.
Let the final words remain unuttered;
Let us not even mention that it's ended.
    Act as if your eyes were closed and shuttered
    When I keep looking at you furtively.

So, without pathos, let us leave each other
Down where the garden path ends in the grass.
Smile lightly, as if with no further thought...
No doubt we each will quickly find another.
    Act as if already you forgot
    How bitterly in earnest all this was.

Sometime, years later, we will meet unbidden
And pass each other with a greeting then.
But still in dreams this parting will live on:
It seemed banal, its tenderness so hidden.
    Act as if you'd known this must be done...
    Go quickly now, or we will speak again.

JOHAN SCHOTMAN
(1892-1976)

De Schaakspelers

Lao Hsiang speelt met den jongen Hsia Ho schaak.
De lente omwolkt hen met haar zoete geuren
en blaast een bloesemsproeiing over 't bord
en langs hen binnen door de open deuren,
naar waar Tsji Ts'eng leunt aan het smal kozijn,
droomrig uitziend naar Hsia Ho en haar gade...
Zij glimlacht vaag, en door het vermiljoen
der lippen breekt der tanden glinstrend jade;
de bloem Lán siert haar 't ravenzwarte haar,
om 't jonge lijf spant strak de dunne zijde...
Maar naar het zwart en wit geblokte bord
turen de spelers, en blind zijn zij beide
voor bloesems en 't verlangen van een vrouw...

Hsia Ho verzet een stuk met breed gebaar,
zucht diep en zelfvoldaan, glimlacht en leunt
terug en zegt: Heer Hsiang, uw dame loopt gevaar!
ziet op, en vangt uit Tsji Ts'eng's glanzenden ogen
een vraag die hem verwart, en van haar mond
een glimlach, die zijn polsen kloppen doet...
Verschrikt slaat hij zijn ogen naar den grond
en ziet dan zijdelings naar Heer Lao Hsiang
die tracht, in 't spel verloren, te verzinnen
een zet, die het gevaar bezweren kan
en hem zijn dame weer zou kunnen winnen...

186

JOHAN SCHOTMAN
(1892-1976)

The Chessplayers

Lao Hsiang and young Hsia Ho are playing chess.
They are enveloped by sweet scents of spring
that waft a blossom breath over their board
and past them through the window's opening,
where Tsji Ts'eng leans upon the narrow sill,
dreamily watching her husband and Hsia Ho...
She vaguely smiles, and through her scarlet lips
the teeth like precious jade glimmer and glow;
the flower Lan adorns her dark black hair,
and the thin silks around her body bind...
But always at the black and white checked board
the players stare, and both of them are blind
to the blossoms and the yearning of a woman...

With a broad gesture Hsia Ho moves a pawn,
sighs deeply satisfied, smiles and leans back
and says, "Sir Hsiang, your queen may soon be gone!"
looks up and catches from Tsji Ts'eng's shining eyes
a question that confuses him, a smile
from her that makes his pulse begin to race...
Startled, he drops his gaze, but in a while
looks sidelong up at Mr. Lao Hsiang
who's pondering if a way can still be seen,
a move that might yet ward the danger off
and make him able to regain his queen...

187

MARTHA MUUSSES
(1894-1981)

Na Mijn Dood

Strooi uit mijn as
voor alle winden,
dat wat mijn lichaaam was
de weg kan vinden
naar alles wat het eens beminde,
naar wolk en zee
en zich daarmee
verbinden.

MARTHA MUUSSES
(1894-1981)

When I Am Dead

Scatter my ashes
to every wind,
that what my body was
the way may find
to all it loved and left behind,
to cloud and sea
and with them be
entwined.

JOHAN DE MOLENAAR
(1894-1969)

Huwelijk

Een ijskoud, duizelstil moment:
Wie ben jij eigenlijk, denkt hij.
Mijn God, wat doe ik hier, denkt zij.
"'t Kind huilt."
           – 't Gevaar is afgewend.

JOHAN DE MOLENAAR
(1894-1969)

Marriage

One moment, icy, still and disconcerted:
Who is this woman anyway, he thinks.
My God, what am I doing here, she thinks.
"The baby's crying."
                        – The danger is averted.

JAN JACOB SLAUERHOFF
(1898-1936)

Brieven op Zee

Gelezen worden ze ontelbre malen,
Al was de inhoud haast vooruit geweten,
Van 't zelfde levensstof in alle talen
En op den duur tot op het woord versleten.

Toch weer ontvouwd, na 't eenzaam avondeten,
Des nachts op wacht, te kooi en na 't verhalen;
Voor hen die zooveel eenzaamheid verbeten
Is uit die letters leeftocht nog te halen.

Tusschen lieve en liefhebbende steeds staat er
Van kroost, huis, dorp en eiland weer 't alleen
Bij trouw, geboorte en dood gevarieerd relaas.

Na tal van reizen is het of een waas
't Bekende aan land omhult, men is alleen
En hoort bij 't schip en houdt het met het water.

JAN JACOB SLAUERHOFF *
(1898-1936)

Sailors' Mail

Such countless times re-read, the page grows old,
Though known beforehand what there was to say,
– The same life-stuff in every language told –
Until the words are almost worn away.

Opened again after the evening mess,
On watch at night, or lying on his bed,
The sailor in his constant loneliness
Still finds some sustenance in what he has read.

Between "Dear" and "Your loving" there will always be
Words about children, village, home; and alone
Marriage, birth and death will vary the tale.

This endless travel seems to draw a veil
Over what's known on land: one is alone,
Part of the ship, and given to the sea.

* *Slauerhoff was a ship's doctor.*

HENDRIK MARSMAN
(1899-1940)

Herinnering aan Holland

Denkend aan Holland
zie ik brede rivieren
traag door oneindig
laagland gaan,
rijen ondenkbaar
ijle populieren
als hoge pluimen
aan den einder staan;

en in de geweldige
ruimte verzonken
de boerderijen
verspreid door het land,
boomgroepen, dorpen,
geknotte torens,
kerken en olmen
in een groots verband.

de lucht hangt er laag
en de zon wordt er langzaam
in grijze veelkleurige
dampen gesmoord,
en in alle gewesten
wordt de stem van het water
met zijn eeuwige rampen
gevreesd en gehoord.

HENDRIK MARSMAN
(1899-1940)

Memories of Holland

Thinking of Holland
wide rivers I see
that slowly through infinite
lowlands flow,
tenuous poplars
strangely like plumes
stand at the horizon
row upon row;

and in the tremendous
spaces imbedded
scattered the farms
all over the land,
groves and villages,
truncated steeples,
churches and elm trees
magnificent stand.

low hang the skies
and by greyish motley
vapors the sun is
slowly bleared,
and in all quarters
the voice of the water
with its constant disasters
is heeded and feared.

HENDRIK MARSMAN
(1899-1940)

Sterfbed

Ik zie de zon nog in het venster staan
maar reeds vervaagt de schemering de uren.
ik weet dat het niet lang meer duren kan,
totdat ik met den dood alleen zal zijn.
gij hebt mij lief; ik heb vergeefs getracht
u zoo volledig lief te hebben als gij mij;
vergeef het mij: ik heb het slecht gedaan,
en bid voor mij en ga dan van mij heen;
hoe teer en machtig het ook is geweest
het heeft voor mij nu alles afgedaan.
schrei niet, ik zal u nazien totdat gij
de deur volkomen achter u zult hebben afgesloten
en mij alleen gelaten met den dood;
ik heb een leven lang in lafheden verdaan, en groot
zal het ook in het eind niet zijn,
maar ik wil in het eenige gevecht
dat er op aan komt, trachten geen knecht te zijn.
kom, ga nu heen, slechts dan heb ik de kracht
dit laatste te doorstaan zooals gijzelf
die laatste tusschen u en mij doorstaat:
zonder veel tranen,
woordenloos en recht.

HENDRIK MARSMAN
(1899-1940)

Deathbed

I see the sun still shining through the panes
but now the hours are fading in the dusk.
I know that it cannot be very long
until I find myself alone with death.
you love me; and I've always tried in vain
as fully to love you as you did me;
forgive me, for I have not done it well.
pray for me, and then leave me to myself;
however strong and tender it has been
it is all done and over for me now.
don't weep, I will be watching you until
you shall have shut the door behind you tight
and so have left me here alone with death.
I wasted all my life in cowardice,
nor will it be much greater in the end,
but nonetheless I still would like to try
in the only fight that counts, to show some mettle.
come, leave me now; only then will I have strength
to bear this last part, as I see you bear
this final hour of all between us two,
with few tears,
                        upright, silent, still.

EDGAR DU PERRON
(1899-1940)

De Franctireurs

Geen Pennewip met brillende argus-ogen
hebben wij ooit één regel toegedacht.
Geen jongedames, die beheerst en zacht,
als door een rietje, van de lettren zogen.

Geen kenners die, waar zij nooit jokken mogen,
trouw prijzen wat vertrouwd is, langgeacht.
Geen vakmanswijsheid hebben wij betracht,
geen boekwinkeltriomfen overwogen.

Geen koster, hoe genaamd, hoe bijgepompt,
maakt onze maag afkerig van 't gekruide.

Geen levensles, geen preek, hoezeer vermomd,
geen etika kan ièts voor ons beduiden.

De poëzie blijft, naakt en ongekromd,
een tijdverdrijf voor enkle fijne luiden.

EDGAR DU PERRON
(1899-1940)

The Freelancers

Not to schoolmasters with their horn-rimmed eyes
have we devoted yet a single line.
Nor to young ladies who with manner fine
suck literature through straws, gentle and wise.

Nor to those connoisseurs who dare not lie,
but praise what is time-honored and correct.
No craftsman's rules we follow or respect,
no bookstore triumphs are we tempted by.

We shun no taste, however spiced the fare;
no sermon heed, in any guise or tone.

No lesson about life for which we care,
no law of ethics that we call our own.

So poetry remains unbowed and bare,
a pastime for us few choice souls alone.

Truus Gerhardt
(1899-1960)

De Polder

Uit het weerbarstig water moeizaam opgewrongen,
door een verbeten wil tot aardklomp saamgeklauwd,
ligt in de ranke omraming van 't rechthoekig hout
de polder. In de hoeven, menschenschuw, gedwongen

in 't hartbeklemmend juk der matelooze eenzaamheid:
staalharde levens, als kristallen afgezet
door de getemde grond; gericht naar oude wet,
rechtzinnig, karig van gebaar en woord; geheid

in onverwrikbaar geloof, vergroeid met vee en goed
en met de eeuw'ge waarden vast en vroed verweven.
Een diep rechtschapen ras; in zijn eenzelvig streven
de macht'ge wortelstok, waar zich een volk uit voedt.

TRUUS GERHARDT
(1899-1960)

The Polder *

Forced out of the unwilling water, hard obtained,
gathered to patch of soil by bitten will, there lies
within a square around which slender willows rise,
the polder. And on the farms, wary, shy, constrained,

hearts clamped within the yoke of boundless solitude:
lives as hard as steel, like crystals without flaws
cast up by the tamed earth; guided by ancient laws,
spare of word and gesture; nothing can intrude

on their unshaken faith; grown one with stock and station,
their values tightly woven with strands that none can sever.
A deeply righteous race; in self-contained endeavor,
they are the mighty root that's nurturing a nation.

---

*   A polder is a tract of low land reclaimed from a sea or lake by
    draining off the water and holding it back with dams (dykes).
    Much of Holland's farmland was created in this way.

JO LANDHEER
(1900-1986)

De Verlatenen

Die met ons in de zelfde kamers woonden,
En met ons samen waren dag en nacht,
– Hun wangen waren zacht en warm aan de onze –
Zijn nu voor altijd van ons weggebracht.

Zij liggen ergens in den grond verborgen,
Gesloten in een smalle kist van hout,
Hun mond werd star, het bloed stolde in hun oogen,
Stijf zijn hun vingers en als steen zoo koud.

Wij leven verder, lachen weer en praten.
Wie van ons beiden zijn het meest verlaten?

JO LANDHEER
(1900-1986)

Left Behind

The ones who used to share our rooms with us
And were together with us night and day,
– Their cheeks were soft and warm against our own –
Now gone from us forever, far away;

They're lying somewhere hidden in the ground,
Locked up inside a narrow box alone;
Their mouths are stiff, no blood flows through their eyes,
Their fingers rigid, cold as any stone.

While we live on, and talk and laughter find;
Which of us both was really left behind?

WILLEM HUSSEM
(1900-1974)

Bezit

voor Truus Gerhardt

Schelpen van de verste kusten,
Vlinders en gedroogde bloemen,
Bloedkoralen amuletten,
Wapens, kleurig aardewerk,
Cloisonné en kakemono's
Bracht ik van mijn reizen mede
Naar de polders van mijn land,
Waar ik nu gekroond tot koning
Over zoveel aardsche schatten
Zelf een vreemdeling ben geworden. –
Tot ik op een grijzen ochtend
Afdaal naar den voet der duinen,
Zee kies met een open kotter,
't Huis aan roest en schimmel laat.

WILLEM HUSSEM
(1900-1974)

Possessions

for Truus Gerhardt

Sea shells from the farthest regions,
Butterflies and sun-dried flowers,
Amulets of blood-red coral,
Weapons, painted earthenware,
Cloisonné and kakemonos
I brought from my distant travels
To the polders of my land;
Where upon my coronation
As the king of all these treasures
I myself became an alien. –
Till I shall some greyish morning
Down the slope of dunes descended
Put to sea in open cutter,
Leave the house to mold and rust.

Vlinder

Een kleine vlinder, door het licht verblind
en uit den duistren tuin binnengedwaald –
En de vertrouweling van bloem en wind,
die alle wiegellichte kelken kent,
heeft van dat lieflijk rijk zich afgewend
en vleugeltrillend is zij neergedaald
in mijn verwonderd stilgehouden hand.
Die donkre holte, deze ruwe groeven,
als een barbaarsch en onherbergzaam land
heeft zij verkoren om er te vertoeven
en zoo vertrouwelijk is zij er beland,
dat het mij doet bemijmeren hoe gij
mijn hart zoo zonder aarzlen ingaan dorst,
en met zulk een vertrouwen en zoo vrij
uw gloed doet schijnen in dien donkren horst.

ANTHONIE DONKER
(1902-1965)

Butterfly

A butterfly, half blinded by our light,
has from the darkening garden wandered in –
She, the familiar of the summer day,
the wind that stirs the cradle of the flowers,
has from that lovely kingdom turned away
and with those fluttering wings made her descent
into my motionless, astonished hand.
In that dark hollow, on this rough terrain
like a barbaric and unwelcoming land
on which she now has chosen to remain,
so confidently did she perch and stay
that musing on it, it reminded me
how you, with such unhesitating grace
dared enter my heart, confident and free,
and with your glow lit up that darkened place.

WILLEM BRANDT
(1905-1981)

Holland

De weiden en het water zijn nog samen
en molens wenken met een wijd gebaar.
Hier is dus Holland weer, en alle namen
klinken vertrouwder, inniger dan daar.

Geen land ter wereld heeft zo'n frisse kleur
van bonte koeien op de uiterwaarden,
bloemen en wangen, bloesemblanke gaarden
en vlammend koper aan de onderdeur.

Bruidssluier-wolken langs aquamarijn,
gepoetste straten, roodgelakte daken,
en speelgoedbomen om een park te maken.
Hoe heb ik hier zo lang niet kunnen zijn?

Men zou dit willen schilderen, of een
straatorgel met verguldsel moeten kopen,
de dorpers laten dansen, en landlopen
en maar zo'n beetje zingen voor zich heen.

WILLEM BRANDT
(1905-1981)

Holland

Where water and the land together came
and windmills gesture with a sweeping air,
here I am back in Holland; every name
sounds more familiar here than over there.

Nowhere on earth are colors found so bright
with spotted cattle on the polderland,
flowers and cheeks, blossoming orchards, and
brass on the half-doors flashing in the light.

Clouds streak like veils the azure atmosphere,
red-lacquered roofs, streets polished neat and clean,
and trees like toys, to make the arbors green.
How could I stay so long away from here?

I'd like to paint all this, or buy some day
a barrel organ full of gilt and chrome
to make the village people dance, and roam
humming a little tune along the way.

N. E. M. PAREAU
(1906-1981)

Najaar

"Mevrouw, zie toe, dit zijn de laatste rozen,
dan zijn de stammen van hun bloemen naakt.
U heeft de zomer dit geschenk gemaakt;
pluk het gerust; weldra zijn zij bevrozen."

Zij treedt nabij. Wanneer heur vinger haakt
den dorren tak, helaas! daar viel de brooze
bloesem uiteen; de roode blaadjes kozen
hun kronkelig pad en zijn in 't slijk geraakt.

En plots van 't kleurig zomerkleed ontdaan
ziet men den kalen groenen bottel staan:
het laatste sieraad is den tuin ontnomen.

Ik wist haar oog bevochtigd door een traan.
Zij wendt zich naar het huis. "Wij zullen gaan,
mijn vriend, thans is de wintertijd gekomen."

N. E. M. PAREAU
(1906-1981)

Autumn

"Madam, this is the last rose of the year;
then will the stems of all the flowers be bare.
The summer gives you this last gift so fair;
go pluck it now, before the frost, my dear."

She reaches, but her finger curling round
the brittle twig, its fragile bloom, alack,
falls quite asunder, and red petals track
a twirling path onto the muddy ground.

Suddenly, their bright summer robes undone
the flower stems stand naked every one:
the last jewel of the garden found its end.

I see some moisture through her lashes run.
She turns toward home and says, "Let us be gone,
for wintertime has come today, my friend."

H. G. HOEKSTRA
(1906-1988)

Constantia

Constantia, vermoeid van vruchten rapen,
laat roode appels glippen uit haar tasch,
en als een vogel in het zomergras
Constantia gaat als een vogel slapen.

Ze droomt en in haar droom komt vaders knecht
lachend onder de vruchtboomen doorloopen,
en neemt haar op en zegt "doe je oogen open,
zoo draag ik je ver weg," heeft hij gezegd.

Dwars door de groene boomgaarden gaan zij.
Ze is veertien, ze zit schrijlings op zijn schouder,
zoo klein ze is zoo ernstig als haar ouders
en al de kinderen uit de klas erbij.

't Is avond als ze ontwaakt tusschen haar vruchten,
er ligt een appel in haar kleine schoot,
– die werd dien zomerdag zoo rijp en rood –,
ze moet zoo vliegensvlug naar moeder vluchten.

De maan ziet toe hoe zij haar schooltasch grijpt,
hoe snelle voeten 't pad naar huis inslaan,
daar komt verward met warme oogen aan
Constantia, als de appelen gerijpt.

H. G. HOEKSTRA
(1906-1988)

Constantia

Constantia set out, some fruit to reap,
but tired, she drops her apples, and the lass
like a bird settles in the summer grass
and like a bird Constantia falls asleep.

And in her dream her father's hired hand
comes laughing through the orchard where she lies;
he lifts her up and says, "Open your eyes
and I shall take you to a far-off land."

Now over the green fields as they pass,
she sits astride his shoulders; she is fourteen,
as serious as her parents could have been,
or any of the children in her class.

It's evening-time when she wakes up at last,
an apple lying in her little lap,
– it grew that day so red and ripe with sap –
she has to run to mother very fast.

The moon is watching her as she sets foot,
hastening home as fast as she can go;
arriving in confusion, eyes aglow,
Constantia has ripened like the fruit.

W. HESSELS
(1906-1949)

Horloge

Een tempeltje van raderwerk
met spichtige robijnen zuilen
waar binnen glad en blinkend perk
de roodbeglansde raadjes schuilen,

de kopergele, die bespet
met fijne druppels van robijnen
met dun lancet zijn ingezet
en stil als sterren staan te schijnen:

een fonkelend klein firmament
met zonnen, manen, en planeten,
zo in dit kostbaar instrument
de wieltjes die de uren meten:

de gladde veer die in en uit
zijn glanzende spiraal laat kringen
en met zijn kloppend hart besluit
den tijd in snelle slingeringen,

het anker en het ankerrad
met felle tandjes uitgesneden,
allen zijn kunstrijk ingevat
in dit heelal van kostbaarheden,

waarin des makers vreugd zichzelf
weerspiegeld vond en afgegoten:
een wereld en een glansgewelf,
in 't holle van mijn hand besloten.

214

W. HESSELS
(1906-1949)

The Watch

A little temple filled with wheels
and columns of peaked rubinets,
where a smooth shiny hull conceals
the scarlet-tinted circulets

of copper-yellow, that with thin
droplets of ruby speckled are
and with a lancet fitted in,
quietly shining like a star:

a tiny sparkling firmament
where suns and moons and planets climb,
so is this precious instrument
where little circles measure time:

the small smooth spring that in and out
its spiral moves in quick vibrations,
whose beating heart defines the route
of hours in rapid alternations;

the anchor and its rounded part
where small sharp teeth exactly fit,
all are included with great art
within this world so exquisite;

which did its maker's joy exalt
to see itself reflected stand:
a universe, a gleaming vault,
here in the hollow of my hand.

W. Hessels
(1906-1949)

Herfstliefde

Deze bedwelming in elkanders armen
waarom de koele blauwe herfstlucht staat,
draagt reeds zonder verbidding of erbarmen
de wrange geur van alles wat vergaat,

en zij is klein en stervend als de blaren,
roder en wellicht schoner dan voorheen,
maar van doods huiveringen reeds doorvaren
en met de aarde onverbreeklijk een.

W. HESSELS
(1906-1949)

Autumn Love

In one another's arms, this intoxication
underneath the cool blue autumn sky
carries the inexorable disintegration,
the acrid odor of all things that die;

like leaves, it will take on a last red hue,
lovelier than when it was begun,
but by a deathly shivering run through
become with earth inseparably one.

THEUN DE VRIES
(1907-   )

Storm

De storm komt over Holland en de nachten
dreunen onstuimig om het weerloos huis.
Duister wervelen droomen en gedachten –
alles vervliegt in hartstocht en gedruisch.

Ook hier aan deze lage grijze kust
bezoekt gij, Eeuwige, ons sluimrend leven;
Uw algeweld breekt dreigend onze rust
en aan Uw wind worden wij prijsgegeven.

En wij herkennen een verganklijkheid
waar stroomen, wolken, golven meegenomen
in mist en schuim gerafeld en verspreid
onder ontstelde heemlen ommekomen;

en dieper nijgen wij naar 't kort gedeelde
geluk: een vrouw, een oponthoud, een gloed,
voordat Uw storm ook onze kleine weelde
vernietigt in het wassen van één vloed.

THEUN DE VRIES
(1907-   )

Storm

The storm comes over Holland and the night
roars boisterously around our helpless walls.
Darkly swirling dreams and thoughts take flight,
diffused in din and passion of the squalls.

Here too, You visit, on these low grey shores,
Eternal One, this slumbering life of ours;
Your force breaks threatening through our quiet doors;
we are subjected to its sweeping powers.

We recognize the briefness of our day,
where clouds and waves and rivers must arise
in mist, are shredded into spray
and vanish under palpitating skies;

and deeper we embrace our common blessing:
a wife, a place, a glow briefly enjoyed,
before Your storm makes end of our possessing
and it is in one rising flood destroyed.

GARMT STUIVELING
(1907-1985)

Kwatrijn

Wat baat u goud op goud, en list bij list,
wat of uw slagzwaard 's werelds lot beslist?
In uw geboort'-uur naakt, zijn naakt uw handen
die nacht, als uw heelal inkrimpt tot kist.

GARMT STUIVELING
(1907-1985)

Quatrain

Heap gold on gold, be cunning as you could;
make your sword rule the world, for ill or good.
Naked when born, naked will be your hands
the night your universe shrinks to a box of wood.

ERIC VAN DER STEEN
(1907-1985)

Toen Ik Vanmorgen Wakker Werd

Toen ik vanmorgen wakker werd
omdat de zon mijn oogen raakte
zag 'k juist nog hoe een springend hert
zich pijlsnel uit de voeten maakte
ik heb de lange dag gezocht
naar 't spoor van de gevlamde hinde
nu weet ik doelloos was mijn tocht
als ik weer inslaap zal 'k het vinden.

ERIC VAN DER STEEN
(1907-1985)

This Morning, When from a Deep Sleep

This morning, when from a deep sleep
I was awakened by the sun,
I just could see a swift deer leap
and then he vanished on a run.
I tried the whole day without rest
to follow it, and ran behind it;
I see how foolish was my quest:
when I sleep again I'll find it.

ERIC VAN DER STEEN
(1907-1985)

Achterkamer

Een grammofoon met dertig oude platen.
Die laat ik 's avonds spelen, één voor één.
Als 't stil is krijg ik neiging te gaan praten,
en 't helpt je over de verveling heen.

Ik ken ze alle dertig nu van buiten.
Slechts één bevat een zwijmelende wals.
De regen geeft zijn bijval op de ruiten.
De één blijft zuiver, de ander wordt al vals.

Dat is mijn grammofoon, met dertig platen.
Steeds slechter helpt hij mij door de avond heen.
Maar waarop moet een mens zich dan verlaten?
De beste platen breken, één voor één.

ERIC VAN DER STEEN
(1907-1985)

Back Room

Thirty old records, and a record player.
I play them in the evening, one by one.
With silence, I'd be talking to myself there;
and boredom is less apt to linger on.

All thirty of the tunes I know by heart now.
There's one that has a dreamy sort of waltz.
The rain plays on the window, taking part now.
Some still sound clear; others are growing false.

Those are my thirty records, and my player.
They help me less and less as time goes on.
But then what else can one depend upon there?
The best of records break up, one by one.

MUUS JACOBSE
(1909-1972)

1914

Toen de oorlog uitbrak was ik nog klein.
Mijn vader zocht zijn oud soldatenpak
Van zolder uit een doos vlak onder 't dak
En wij brachten hem samen naar de trein.

En ik wist niet waarvoor dat was, en toen
Vroeg ik het aan mijn moeder. En ik hoorde,
Dat nu de soldaten elkaar vermoordden.
Mijn vader ook? Die zou dat toch niet doen −

Nu ben ik groot en wijs en veel vergeten
Van wat de dwazen en de kindren weten,
En waar ik, als ik er aan denk, om lach −

Maar als wij, grote mensen, 't niet verhindren
Dat er weer oorlog komt, God, geef ons kindren,
Die nog begrijpen, dat het toch niet mag.

MUUS JACOBSE
(1909-1972)

1914

When war broke out I was a little kid.
My dad put on his uniform again
That in an attic box had long been hid,
And then we took him to the railroad train.

I wondered why, and so I asked my mother.
She said this was the train for soldiers who
Were going out to murder one another.
My dad? But that's a thing he'd never do −

Now I'm grown up, forgetting as I grow
Much of what fools and little children know,
And that I laugh at when I do recall −

But since we grownups won't have warfare banned,
God, give us children who still understand
That these things should not be allowed at all.

MUUS JACOBSE
(1909-1972)

Het Nageslacht

Hoevelen die zich hier een naam verwierven
En droomden van 't opstijgende geslacht,
Werden niet eenzaam naar hun graf gebracht
En waren uitgestorven eer zij stierven.

Binnen hoe weinig jaren zal wellicht
Mijn laatste kleinzoon vasten in een klooster,
Mijn laatste kleindochter als ziekentrooster
Verschrompeld zijn in een steriele plicht.

Zou ik hen iets verwijten? Wordt een leven
Niet door de drift der vaderen gedreven?
Won ik hen soms met te vermoeide gloed?

Zij zijn mijn kinderen: wanneer zij falen
Is het mijn zwakheid, en wanneer zij dwalen
En ondergaan, is het mijn schuldig bloed.

MUUS JACOBSE
(1909-1972)

Posterity

Of those who looked upon their name with pride
And dreamed of generations yet to come,
How many did to a lonely death succumb
And were extinct before they even died.

In how few years I wonder shall it be
My last grandson as a monk shall pray and fast,
My granddaughter a shriveled life have passed
Tending the sick in sterile chastity?

Are they to blame? Are not all of our lives
Given their impulse by our fathers' drives?
Did I beget them with a glow that paled?

They are my children still: of what they lack,
My weakness is the cause; if they sink back
To nothingness, it is my blood that failed.

ANNIE M. G. SCHMIDT
(1911-1995)

Erwtjes

Toen ze een meisje was van zeventien
moest ze een hele middag erwtjes doppen
op het balkon. Ze wou de teil omschoppen.
Ze was heel woest. Ze kon geen erwt meer zien.

Toen ging ze maar wat dromen, van geluk,
en dat geluk had niets van doen met erwten
maar met de Liefde en de Grote Verte.
Dat dromen hielp. Het scheelde heus een stuk.

En dat is meer dan vijftig jaar terug.
Ze is nu zeventig en heel erg fit
en altijd als ze 's middags even zit,
mijmert ze, met een kussen in de rug,

over geluk en zo... een beetje warrig,
maar het heeft niets te maken met de Verte
en met de Liefde ook niet. Wel met erwten,
die komen altijd weer terug, halsstarrig.

Ach ja, zegt ze. Ik kan mezelf nog zien,
daar in mijn moeders huis op het balkon,
bezig met erwtjes doppen in de zon.
Dat was geluk. Toen was ik zeventien.

Annie M. G. Schmidt
(1911-1995)

Peas

Once, when she was a girl of seventeen,
she had to spend a whole long afternoon
shelling some peas out on the porch; and soon
she hated peas, she felt so cross and mean.

To while away the time, she sat and dreamed
of joy and happiness instead of peas,
of Love and of Delights beyond the Seas.
That helped a lot to bear her fate, it seemed.

Since then, some fifty summers have gone by.
Now she is seventy, but still quite fit,
and with a pillow at her back will sit
and think − a bit confused − how time does fly! −

of joy and happiness... things of that kind,
but never of Adventures Overseas,
never of Love. But all the more of peas,
these always seem to come back to her mind.

Ah, yes, she says. How I recall that scene,
at mother's house: there on the porch I sat,
out in the sunshine, shelling peas. Yes, that
was happiness. And I was seventeen.

Het Buitenland

Ik ben de speelman, de zotte kwierlekwant,
die zijn hart als kostlijk ruilobject
aan drie vrouwen heeft verpand
en binnenkort naar het buitenland vertrekt.

De verbodene heet Filia, de wettige Agaath.

Tjoemboem, nu krijg ik de lachers op mijn hand:
met de derde, die in mijn droom bestaat,
ga ik binnenkort naar het buitenland.

B. ROEST CROLLIUS
(1912-   )

Going Abroad

I am the music man, the funny clown,
who heart and love, none costlier than these,
have given to three women as a pawn
and I will soon be going overseas.

The forbidden one is Mary, the legal one Fatime.
Boom-boom, and you may laugh now if you please:
the third one I meet only when I dream,
with her I'll soon be going overseas.

Spleen

Ik zit mij voor het vensterglas
onnoemelijk te vervelen.
Ik wou dat ik twee hondjes was,
dan kon ik samen spelen.

GODFRIED BOMANS
(1913-1971)

Spleen

I'm bored to death, I can't go out
because of the bad weather.
I wish I were two little dogs
so I could play together.

HARRY BRANDER
(1914-1980)

Ik Zal Wel Komen in de Schemering

Ik zal wel komen in de schemering
van een doodstille avond;
alleen de tijd zal hoorbaar zijn;
totdat een grijze nachtegaal,
die argeloos op mijn schouder zit,
zo ongedacht begint te zingen,
dat onder dit heerlijk geweld
de laatste bloemen nogmaals openspringen,
dat heel die wonderlijke nacht
de verontruste vogels blijven zingen.

HARRY BRANDER
(1914-1980)

I Shall Be Coming in the Dusk Perhaps

I shall be coming in the dusk perhaps
of a dead silent evening,
and time alone be audible;
until a grey-winged nightingale,
who boldly on my shoulder sits,
so suddenly begins to sing
that under this enchanting power
the last of flowers shall unfold again,
that throughout that mysterious night
the wakened birds shall never cease to sing.

HERMAN VAN SNICK
(1914-   )

Ja, Ik Ben Het die Haar Neerschoot

Ja, ik ben het die haar neerschoot
om 't geluk dat ik moest dragen.
't Wapen wierp ik in een sloot
en m'n leven in de goot
van de troosteloze dagen.
Zijn er nu nog and're vragen?

HERMAN VAN SNICK
(1914-   )

Yes, I Was the One Who Shot Her

Yes, I was the one who shot her,
for the joy I'd had to bear.
I threw the gun into a ditch;
and my life? That I did pitch
into the gutter of despair.
Any other questions there?

ALBERT WESTERLINCK
(1914-1984)

Liedje aan Zee

Des nachts hoor ik het krijschen aan der verre meeuwen.
O zeg of dit het teeken van uw naadren is.
De suizelende wind, het bange vogelschreeuwen
bergt mij uw roep — maar ik vind geen beteekenis.
Gij laat mij, laat mij ongewis.

Ik hoor het golvenzingen aan, het fluisterspreken
der bloemen in het duin, het wuiven van het lisch,
het lied der hooge grassen — och, gij bergt uw teeken
in een geluid waarvan de zin verloren is,
Gij laat mij, laat mij ongewis.

Roep mij niet aan, ik weet zoo goed dat gij zult komen;
laat mij een klein geluk: het zeegegons, het dromen
en wiegedeinen zonder heugenis
aan wat de zekerheid van sterven is;
eens, in dit grenzeloos en zingend waterstroomen,
zult gij mij vangen als de plots-verraste visch.
O laat mij, laat mij ongewis...

ALBERT WESTERLINCK
(1914-1984)

Surfside Song

I hear the screeching of the far-off gulls at night.
Tell me, is this the sign of your approach to me?
The swishing wind, the crying out of birds in fright
conceal your call from me – and so I have no key.
You leave me, leave me in uncertainty.

I hear the singing of the waves, the whispered whine
of reeds, the swaying of the flowers near the sea,
the song of the tall grasses – oh, you hide your sign
within a sound, its sense and meaning lost to me;
You leave me, leave me in uncertainty.

Then do not call me. You shall come, as well I know;
leave me the little happiness of sea-sounds though,
a cradle-rocking with no memory
that still a day of death shall surely be;
and sometime, in this endless song of water's flow,
that you will catch me – startled fish – no longer free.
Oh leave me, leave me in uncertainty...

HARRIET LAUREY
(1924-   )

De Slak

Draag ik mijn huis en ben ik nergens thuis
en kan ik nergens voor de regen schuilen,
dan in de schelp, die ik niet om kan ruilen
voor ooit een ander, niet mijn eigen huis.

Ken ik de aarde, maar de hemel niet,
de groene haag, maar niet de bloesemknoppen,
de helling wel, maar nooit de heuveltoppen.
Laat ik geen sporen na dan van verdriet.

Ben ik maar voor eenzelvigheid geschapen
en voor de regen, die mij buiten drijft
en voor de weg, die zonder einde blijft.

En voor de kinderen, die slakken rapen,
maar 's avonds thuis en bij elkander slapen.

HARRIET LAUREY
(1924-   )

The Snail

Do I carry my house and am nowhere at home,
and can I find no shelter from the rain
but in the shell I cannot change again
for any other house that's not my own.

Do I know the earth, but don't know heaven's face,
the hedge, but not the flowers as they grow,
the slopes, but not the hilltops do I know.
Do I leave no track except for sorrow's trace.

Was I made for this, in solitude to creep
and for the rain, that chases me abroad
and for the endless, everlasting road.

And for the children, who take snails to keep,
but home at night, beside each other sleep.

*(The form of this translation, in questions without question
marks, mirrors the Dutch.)*

ACKNOWLEDGMENT!

Permission to use and translate the copyrigh
was obtained through the Nederlands Lette
Documentatiecentrum (Dutch Literary Museun
Center) in The Hague, by the kind courtesy of the department head,
S. A. J. van Faassen, and by the diligent and excellent work of his staff
member, Anita van Oostrom. With their help, we have made every
effort to contact the appropriate parties in each case. In regard to the
few who could not be reached, we still include in our attributions the
publications in which these poems appeared.

For authorization to reprint and translate the works below, we
gratefully acknowledge the following:

GODFRIED BOMANS: 'Spleen' ('Spleen') from *Ongerijmde Rijmen* (Het
Spectrum, Antwerp/Utrecht, 1954); reprinted by permission of J. C.
Bangert on behalf of G. M. Bomans-Verschure.

HARRY BRANDER: 'Ik Zal Wel Komen in de Schemering' ('I Shall Be
Coming in the Dusk Perhaps') from *De Tijd Staat Stil* (Westermarkt Art
Press, Amsterdam, 1975).

WILLEM BRANDT: 'Holland' ('Holland') from *Twee Vaderlanden* (C. P.
J. van der Peet, Amsterdam, 1954).

ANTHONIE DONKER: 'Vlinder' ('Butterfly') from *De Einder* (Van
Loghum Slaterus, Arnhem, 1947); reprinted by permission of J. E. J.
Donkersloot-Meijer.

PIETER NICOLAAS VAN EYCK: 'De Tuinman en De Dood' ('Death and
the Gardener') and 'Zomerregen' ('Summer Rain') from *Verzameld
Werk* (Van Oorschot, Amsterdam, 1958); reprinted by permission of A.
van Eyck.

TRUUS GERHARDT: 'De Polder' ('The Polder') from *Laagland* (P. N.
van Kampen & Zoon, 1937); reprinted by permission of Ida Gerhardt.

GEERTEN GOSSAERT: 'De Moeder' ('The Mother') from *Experimenten*
(De Zilverdistel, The Hague 1911); reprinted by permission of Chr.
Pliester-Gerretson.

WILLEM HESSELS: 'Horloge' ('The Watch') and 'Herfstliefde' ('Love's
Autumn') from *Con Sordino* (1949).

H. G. HOEKSTRA: 'Constantia' ('Constantia') from *Het Ongerijmde
Leven* (J. M. Meulenhoff, Amsterdam, 1940); reprinted by permission
of H. R. Hoekstra.

245

...M HUSSEM: 'Bezit' ('Possessions') from *Uitzicht op Zee* (A. A. ...tols, The Hague 1941); reprinted by permission of A. G. Hussem ...ovò-Kluit and F. W. H. Hussem.

MUUS JACOBSE: '1914' ('1914') from *De Doortocht* (Bosch & Keuning, Baarn, 1938) and 'Het Nageslacht' from *Het Kind* (J. H. Kok, Kampen, 1949); reprinted by permission of W. K. Steenberg-Heersma.

PIERRE KEMP: 'Paarden' ('Horses') from *Phototropen en Noctophilen* (A. A. M. Stols, The Hague, 1947); reprinted by permission of A. Kemp.

JO LANDHEER: 'De Verlatenen' ('Left Behind') from *Helikon*; reprinted by permission of J. E. Landheer.

HARRIET LAUREY: 'De Slak' ('The Snail') from *Loreley* (Uitgeversmaatschappij Holland, Amsterdam, 1952); reprinted by permission of the poet.

WILLEM VAN MAANEN: 'Dit Is Mijn Oog Niet Meer' ('This Is My Eye No Longer') from *De Nieuwe Stem* (1951); reprinted by permission of Willem G. van Maanen.

MARTHA MUUSSES: 'Na Mijn Dood' ('When I Am Dead') from *Het Witte Schip* (C. A. Mees, Santpoort, 1948); reprinted by permission of Marja Muusses on behalf of the Muusses family.

JAN VAN NIJLEN: 'Aan Ceres' ('To Ceres') from *Verzamelde Gedichten* (A. A. M. Stols, The Hague, 1948); reprinted by permission of S. J. van Nijlen.

EDMOND VAN OFFEL: 'Lofzang' ('Paean') from *Bloei* (De Nederlandse Boekhandel, Antwerp, 1896).

JAN PRINS: 'Zwarte Hoofden' ('Dark Heads') from *Bijeengebrachte Gedichten* (L. J. C. Boucher, The Hague, 1947).

N. E. M. PAREAU: 'Najaar' ('Autumn') from *Jaargetijden*, 1935 (In Eigen Beheer); reprinted by permission of J. H. A. Lokin.

FRANÇOIS PAUWELS: 'Vrijgezel' ('Bachelor') from *Strijd* (Em. Querido, Amsterdam, 1940).

B. ROEST CROLLIUS: 'Het Buitenland' ('Going Abroad') from *Verlossing en Herschepping* (A. D. Donker, Rotterdam, 1946); reprinted by permission of the poet.

ADRIANUS ROLAND HOLST: 'De Vagebond' ('The Vagabond') from *Verzamelde Verzen* (C.A.J. van Dishoeck, Bussum, 1948); reprinted by permission of Fritz G. M. Conyn on behalf of Stichting A. Roland Holst Fonds.

ANNIE M. G. SCHMIDT: 'Erwtjes' ('Peas') from *Weer of Geen Weer en Meer* (Em. Querido, Amsterdam, 1954); reprinted by permission of the poet.

246

JOHAN SCHOTMAN: 'De Schaakspelers' ('The Chessplayers') from *Cloisonné* (C. A. J. van Dishoeck, Bussum, 1931).

HERMAN VAN SNICK: 'Ja, Ik Ben Het die Haar Neerschoot' ('Yes, I Was the One Who Shot Her') from *Het Gesloten Hek* (De Sikkel, Antwerp/ Amsterdam, 1952); reprinted by permission of the poet.

ERIC VAN DER STEEN: 'Toen Ik Vanmorgen Wakker Werd' ('This Morning, When from a Deep Sleep') from *Kortom*, (De Vrije Bladen, 1938) and 'Achterkamer' ('Back Room') from *Nederlandse Liedjes* (De Gemeenschap, 1932); reprinted by permission of Margaret N. Zijlstra-Buis.

GARMT STUIVELING: 'Kwatrijn V' ('Quatrain') from *Wordend Kristal* (Bayard Pers, 1945 and Em. Querido, Amsterdam,.1946); reprinted by permission of M. Stuiveling-van Vierssen Trip.

PAUL VERBRUGGEN: 'Valt Het U Zwaar te Danken' ('Do You Find It Hard to Thank Me') from *Levensweiding* (De Sikkel, Antwerp).

THEUN DE VRIES: 'Storm' ('Storm') from *Westersche Nachten* (De Gemeenschap, 1930); reprinted by permission of the poet.

VICTOR VAN VRIESLAND: 'Gedragslijn' ('Code of Conduct') from *Verzamelde Gedichten* (Em. Querido, Amsterdam, 1968); reprinted by permission of G. Groenier of Drukkerij Hooiberg on behalf of the van Vriesland estate.

J. W. F. WERUMEUS BUNING: 'Een Oud Vers' ('An Old Verse') from *Verzamelde Gedichten* (Em. Querido, Amsterdam, 1941); reprinted by permission of J. Werumeus Buning.

ALBERT WESTERLINCK: 'Liedje aan Zee' ('Surfside Song') from *Met Zachte Stem* (De Bladen voor de Poëzie, Mechelen, 1939).

CHRIS VAN DER WEYE: 'Weerzien' ('Meeting Again') from *Het Blijvende* (Molenpers, Leiden, 1944).

The publisher apologizes for any errors or omissions in the above list and would be grateful to be notified of any corrections that should be incorporated in the next edition or reprint of this volume.

INDEX OF AUTHORS

Note: Dutch names that contain 'van', 'de', 'der', or 'den' before the surname are always listed alphabetically by the surname itself, e.g. 'Vondel, Joost van den'.

Several of the later Dutch poets wrote under pseudonyms. They are listed here by their pseudonyms, followed by a parenthetical note of their actual names (ps. of ...)

250

INDEX OF TITLES

INDEX OF FIRST LINES

254

255